中國學術思想

研究輯刊

十　編

林　慶　彰　主編

第 5 冊

《老子》自然思想的考察

黃　裕　宜　著

花木蘭文化出版社

國家圖書館出版品預行編目資料

《老子》自然思想的考察／黃裕宜 著 — 初版 — 台北縣永和市：
花木蘭文化出版社，2010〔民99〕
目 2+148 面；19×26 公分
（中國學術思想研究輯刊 十編；第 5 冊）
ISBN：978-986-254-334-4（精裝）
1.（周）李耳 2. 老子 3. 學術思想 4. 研究考訂
121.317 99016445

ISBN - 978-986-2543-34-4

9 789862 543344

中國學術思想研究輯刊
十 編 第 五 冊 ISBN：978-986-254-334-4

《老子》自然思想的考察

作 者 黃裕宜
主 編 林慶彰
總 編 輯 杜潔祥
出 版 花木蘭文化出版社
發 行 所 花木蘭文化出版社
發 行 人 高小娟
聯絡地址 台北縣永和市中正路五九五號七樓之三
電話：02-2923-1455／傳眞：02-2923-1452
網 址 http://www.huamulan.tw 信箱 sut81518@ms59.hinet.net
印 刷 普羅文化出版廣告事業
封面設計 劉開工作室
初 版 2010 年 9 月
定 價 十編 40 冊（精裝）新台幣 62,000 元

《老子》自然思想的考察

黃裕宜 著

作者簡介

黃裕宜，1976 年出生於臺灣桃園縣，2008 年取得臺灣大學哲學博士學位。主要研究領域為先秦法家哲學，研究興趣除中國哲學外，關於西方哲學中的倫理學、認識論與美學亦有涉獵。曾任臺灣大學哲學系助教、臺灣大學共同教育委員會助理、行政院國家科學委員會研究助理以及世新大學通識教育中心兼任講師。

提　　要

　　本論文共計四章，兼合前言與結論。首先，前言包含釋題、澄清目前相關的研究方向以及本文的範圍限制三部分。第一章蒐集並釐清先秦關於「自然」一詞的使用情形。據此分析「自然」一詞的時代意義，然後突顯《老子》思想在先秦思想中的一般性與特殊性。最後提出先秦自然思想的發展，與學者史官的背景息息相關。第二章深入探討《老子》中的「自然」含意及其相關概念，並藉由「自然」的現代含意，分析其同異之處。再則強調其以自然經驗的認識為基礎出發，絕非無的放矢之空論。第三章為《老子》思想的基礎論，以自然哲學總體自然律的「道」，與個別自然存在的元素，如天、物、氣……等等為考察的對象，可洞見除了「自然」一詞的概念外，亦有其他豐富的自然思想。第四章則回到自然思想的應用層面，須知人亦屬自然存有物的一部分，分為修身與治國兩部分，強調老學較易被忽略的「人道」思想。結論則對於本論文的要點提出說明，以及再檢討筆者所提的理論。總而觀之，本論文的發展進路，大致可分為「自然思想的界定」、「基礎理論的闡釋」與「應用層面的分析」三個方向。全文採取「道術合一」之立場，即天道與人事並重的觀點，即為漢代黃老家所言：「故多為之辭，博為之說，又恐人之離本就末也。故言道而不言事，則無以與世浮沈；言事而不言道，則無以與化游息。」（《淮南子・要略》）

目次

前 言

　　《老子》天道思想的出現，代表著自然規律的發現。對於「天道自然」
觀點的重視，相對地減損了周代以前天概念所富含的神秘色彩。此一思想轉
向，代表個體自我意識的抬頭，因為《老子》將一切現象都理解成人類可以
認識的「自然」。筆者有感於《老子》思想重視「自然觀察」的特性，因而矢
志顯明《老子》思想的可理解性，有別於將「道」視為神秘不可知的觀點。
再者，證明「自然」思想實是一切《老子》主張的基礎，或可說自然思想是
《老子》中最重要的理論預設。本論文所採取的研究進路有兩方面：一、關
於「自然」的字詞分析與界定。其中包含古今「自然」概念的比較，以及在
《老子》文本中，其他與「自然」一詞相關概念的闡釋。二、關於《老子》
自然哲學的觀點論述。兼論自然哲學所探討的對象、對象之間的關係以及自
然思想的應用層面。

一、釋　題

　　《老子》這一部書，又名為《道德經》。但是隨著帛書《老子》甲、乙
本的出土，突顯了《道經》、《德經》的先後問題，亦呼應了的確存在著《韓
非子・解老》解釋順序中隱含的《老子》傳本問題。〔註1〕這個問題引發了
傳本著述者各種不同的詮釋觀點：第一、若傳本以《道德經》為名，容易使
人以為《道經》在前，《德經》在後，進而產生「據天道以論人事」的立場。

〔註1〕關於傳本隱含的《道經》、《德經》的先後問題，據此而有理論不同側重的立
　　　　場。可參閱陳鼓應著，〈先秦道家研究的新方向〉（收錄在《道家文化研究》
　　　　第六輯，上海古籍出版社，1995年），頁25～26。

第二、若採取帛書《老子》與《韓非子‧解老》中，《德經》在前，《道經》在後的編排方式，則產生「據人事以論天道」的立場。這兩種觀點差異在於，前者側重在道論的存有論意義，而後者則以人事的行為活動為重。其實這樣的差異只是論述的主題偏重不同，這兩種立場在現實的行為活動上，都只能採取「道行之而成」（《莊子‧齊物論》）的操作觀點去解釋，即筆者所謂「道術合一」的認識論觀點（詳見後述）。因為道具體表現在天道與人道的活動上，而有操作性意義，故亦可稱為「術」。在認識「道」的過程中，我們只能透過「術」的呈顯來理解「道」，此即「以術論道」的觀點。所以，筆者以《老子》為題，而不用《道德經》為題，實是為了避免落入傳本認定的難題，與被誤認為取材上只限於特定家派、版本之思想。因為以老子此人之名為書名的《老子》為題，必然可以涵括所有不同的注本與傳本，而不會失之偏頗。

此外，考察的重點以「自然思想」為名，亦牽涉到種種概念之間的界定，不可不察！例如，「自然哲學」與「自然思想」這樣的題名，在中西著作中歷歷可數，然而其中的涵義雖有重複，但可明確比較以茲區別。簡言之，即「哲學」與「思想」的最根本差異的區別。「哲學」這個詞並非中國固有的用語，因而只能從西方哲學發展看出端倪。至今，有許多關於哲學的定義，相應於本論題而言，較合適的定義是：「一種嘗試去呈現關於所有實在（reality）的某種系統的（systematic）與完整的（complete）視野。」〔註2〕而思想（thought）的定義較廣泛且粗略：「指我們當下所意識到的內容（觀念、想像、理解、知覺、感覺）。」〔註3〕筆者認為，「哲學」與「思想」兩者相較之下，顯然「哲學」比起「思想」的定義更加嚴謹。在尚未對《老子》有一番縝密的考察之前，似乎無法提出任何系統的或完整的觀點。因此，乃決定先以當前較零碎的「思想」為線索，而後加以考察這些「思想」的合理性，再嘗試提出《老子》中含有系統的、完整的「哲學」成分。再者，以「自然哲學」為題，易使人誤以為只討論關於人之外的物理世界的內容、結構或發展。因為本文討論的自然思想，其中有一部分包括「人」本身呈現的自然課題，並非僅僅討論相對於人的物理世界存在的問題。

〔註2〕參看 Angeles, P. A., *Dictionary of Philosophy*, (New York： Harper Collins Publishers, 1981), p.211.
〔註3〕同註2，p.294.

　　由此可見，本篇論題之名，看似明確，其實已隱含著眾多的難題，卻也因其種種問題，而使後學得以豐富老學的價值，更進而證明經典之所以為經典之特性，在於可以不斷地被予以檢討與重新解釋。

二、相關的研究方向

　　目前關於《老子》中自然思想研究的資料，大致上可分為兩類：一、文本中與「自然」一詞相關的脈絡意義分析。二、以自然哲學、物理學討論的對象為內容（氣、道……）。〔註 4〕由於「自然」一詞，在中西思想中，象徵著人開始思考存有自身的來源與特性，屬於「範疇」（category）概念的討論。簡言之，自然被視為一哲學體系中最基本或最高位的類概念。因此，現今研究《老子》的學者中，一部份持前述的範疇觀點，將《老子》中的「自然」視為一存在層級上最高類的概念，下轄人、地、天與其他一切老學可能相關的概念。另一部分學者，只將「自然」視為常語，即「自己如此」的「存在樣態之描述」意義。〔註 5〕

　　另外一種研究面向，專注於人與自然整體之間的關係。其中一部分將自然客體化成為與人對立的對象，主要以自然界的構成因子（天、地、氣、物……）作為研究對象。另一種則認為人仍屬自然的一部分，彼此互相影響、不可割離。這樣的研究進路，根本上涉及對於靜態與動態自然觀的不同認識。所謂靜態的自然觀是指關於上述構成因子的理解；而動態的自然觀則指人法自然的最佳互動方式，即是關於「道」的認識觀點。因此本文先於字面上分析「自然」此一常語與文本脈絡的意義，再而兼採動態與靜態的自然哲學觀點，嘗試貫穿「道論」、「治國」與「修身」三個老學系統，〔註 6〕而對《老子》有一整全的認識

〔註 4〕前者例如丁原植著，〈《老子》哲學中“自然”的觀念〉（收錄在《哲學與文化》二十卷一期，1993 年 1 月），頁 108〜123。後者則涉及中國古代自然哲學與科學思想的書籍。

〔註 5〕持「範疇」觀點的學者，如洪家義先生，可見其著，〈玄、無、道、自然──關於《老子》的哲學體系〉（收錄在《南京大學學報》：哲學‧人文‧社科版，1987 年第四期），頁 205〜206。另一種將「自然」視為「常語」討論的學者，如錢穆先生，可見其著，《中國思想通俗講話》（台北：東大，民國 79 年），頁 100。而筆者兼採這兩種觀點，因為範疇觀點從所有存在物「自己如此」的呈現性活動分類而成。

〔註 6〕關於古代人如何認識《老子》，即老學不同的系統觀點，可從郭店楚墓竹簡《老子》的內容看出大要。王博先生認為：「丙本集中於治國的主題，乙本的中心

後，方可提出「自然」此一範疇可兼攝其他老學之核心思想的總觀點。

三、可能面臨的難題

由於《老子》中關於自然哲學討論的對象，並無直接的定義或詳盡的線索，因此必須先預設其他典籍也有與《老子》一致的自然思想背景，然後從這些典籍中，可能持有的自然觀點與《老子》相互參照，得出其一致之觀點，進而提出《老子》可能持有的自然觀點。如此，方可補強《老子》自然思想之不足。但是這樣的預設，雖然可以從先秦乃至兩漢之文獻得到驗證，即可說明一般知識份子所擁有科學知識的普遍性，卻也難逃絕對懷疑論者質疑《老子》中自然思想的成分多寡。面對這個質疑，必須澄清「研究方法」的意義。筆者認為研究的目的，在於盡可能地接近（approach）文本，而關於接近文本方法（研究方法）的討論，即是所謂的「方法論」。方法論一般而言被視為「是關於如何認識世界、改造世界和保護世界的方法……」。〔註7〕「如何認識世界」這是認識論所關注的問題，因此方法論可說是認識論。另一方面，「世界觀決定方法論。世界觀指明認識世界和改造世界的方向、方法和途徑，為方法提供理論根據和基本原則」。〔註8〕綜合而論，本文所採取的研究進路，大致上以認識論和世界觀（或自然觀）為主。主要的用意，無非是提出一種關於老子時代的視域（horizen），一則可以避免文本的解釋流於無的放矢，再則提供另一種接近《老子》的思考方向。若以《老子》中的文字線索來看，的確無法找到豐富的自然思想，但是隨著從其他典籍的資料統合過程，歷史視域的建構終可完成。透過歷史視域的輔助理解，本文考察的自然思想課題必然豐富許多。或許在本文第一章的「史官視域」一節中，可以激起一些漣漪，並呼應這種看法：「……自然觀和認識論是中國哲學的薄弱環節。這種觀點是沒有根據的。」〔註9〕

是修道(或稱治身)，甲本除了這兩方面外還可以加上道論。這幾方面正是人們對老子及道家思想的普遍理解。」引文參見王博著，〈關於郭店楚墓《老子》的結構與性質〉（收錄在《道家文化研究》第十七輯，北京：三聯書店，1999年），頁164。

〔註7〕劉歌德主編，《科學世界觀方法概論》（廣東：中山大學出版社，1996年），頁6。

〔註8〕同上註，頁5。

〔註9〕參看楊憲邦主編，《中國哲學通史》第一卷（北京：中國人民大學出版社，1990年），頁25。

　　讀過任一《老子》版本的人，可以清楚的意識到，它是一本文字簡單而義理難明的書。義理難明的理由在於不同文本的採用與理解所導致的諸多問題，直接引起眾多不同的解釋，最常見的原因可能還是在於缺乏古人所處環境的歷史背景知識，進而發生望文生義以及《荀子》所說的「蔽於一曲而闇於大理」（〈解蔽〉）的結果，與違背了「不以所已藏害所將受」（〈解蔽〉)的認識原則。這個因素直接與古人的生活環境、語言文字與思維模式息息相關。由於老子其人至今仍無定論，所以其所處生活環境甚難考定，因此本文將以春秋、戰國以至兩漢期間的文字用法作爲背景考量，以王弼本爲主兼採簡、帛〔註 10〕二本爲輔，希望能夠提供一些關於《老子》自然思想的概略說明，以幫助讀者接近文本。

〔註10〕簡、帛二本即《郭店楚墓竹簡》與《帛書老子》，本文簡稱郭店本與帛書本。文本見荊門市博物館，《郭店楚墓竹簡》（北京：文物出版社，1998 年）。與高明著，《帛書老子校注》（北京：中華書局，1998 年）。

第一部分
《老子》自然思想的發展及其界定

第一章 緒論——自然思想的發展

在先秦自然思想中，最引人注意的中心課題是：「天與萬物的關係，天、地與人的關係。」〔註1〕其中，關於天的本質、天的運行規律與天人關係，在先秦的典籍中，或作爲其理論之根據，或直接成爲專門論述的對象。〔註2〕可見，關於「天」的認知，已是普遍化的情形，甚至可被視爲一種「常識」，內在化於意識中。先秦時期，「自然」一詞被使用的情形，並沒有「天」那樣地普遍。筆者認爲原因在於，從「天」概念過渡到「自然」概念時，象徵著人們從殷商時期對天的信仰，到周代建構以人爲主體的思路而產生的「自然之天」的概念，將抽象思維深化到只承認實然的世界觀，對於現象背後的來源猜測漠不關心，此即所謂「自然」一詞的最原初意涵。因此，「自然」一詞的概念就認識的發展歷程而言，可能由人對於天的看法轉化而來。其中，直接反映了古人已經反省到理性認識的限度。

以上所述，簡單表明「自然」一詞的使用，可能上承「天」概念而來。因此本章著墨之處，其旨不外乎對於其思想之形成，有一根源上的認識。這樣的認識有助於建構歷史的視域。在前言的分析中，大致上已歸結出關於本論題的研究方向：一、從「自然」一詞當時的用法作爲考量。二、以自然哲學的觀點考察。爲了加強這兩點方向的理解，亦必須提出相應於此的背景考

〔註1〕 參閱林德宏、張相輪著，《東方的智慧——東方自然觀與科學的發展》（江蘇：科學技術出版社，1993年），頁96。

〔註2〕 例如，儒、道、墨、法各家皆以天或天道作爲師法之對象。而《荀子·天論》、《墨子·天志》、《管子·形勢》、《管子·四時》與《呂氏春秋·圜道》五篇，可視爲討論「天」的專著。

察，即本章的第一、第二兩節的闡釋。而第三節的論述焦點，再提出一種關於老子其人以及當時所處社會背景的假說，即史官與社會環境的背景。名爲「假說」，只是想突顯出老子的可能背景，間接地勾勒出一些與《老子》文本可能的思想關連。而這樣的線索，其意不在爲老子其人這個歷史謎團給予評斷，只是恰如「視域」這個認識的觀點，僅止於提供一個接近文本的方向。

第一節　「自然」一詞的時代意義

一、「自然」一詞普遍成文的時代

　　這一節所欲考察的問題，專注在「自然」一詞在先秦文獻的使用情況。並且從文字的使用情況，呈現出它特有的時代意義。但是，「時代」的範圍應該有所限定以突顯「自然」一詞在東周時期人文鼎沸情形下的特殊性。從時代意義來看，一般來說，先秦的範圍是指秦代以前。但在學術思想史上，先秦特指春秋乃至戰國期間百家爭鳴的時代。而中國的文明從夏至周長達一千八百年，〔註3〕在此期間，「自然」一詞，卻僅僅出現在子書中，竟連較遠古之經書，例如《詩經》、《易經》或《尚書》，亦遍尋不著痕跡。雖然在字詞的溯源方面，目前無法考定，但大致上，可以確定「自然」一詞的使用，集中在春秋、戰國年間的諸子書中。〔註4〕其中戰國末期的道家思想家們，被認爲率先在思想性的、哲學性的文章中使用「自然」的概念。〔註5〕具有這樣的線索，不禁使人懷疑「自然」一詞是否爲「中國古典哲學中一個非常重要的哲學術語」？而又「源自於老子」？〔註6〕第二個問題顯然比較容易

〔註3〕關於夏商周三代歷年統計：夏，四百七十年。商，四百九十六年。西周，三百零三年。東周分爲春秋與戰國。其中春秋，三百零三年。而戰國，二百四十六年。因此三代總計約一千八百年左右。可參閱錢穆著，《國史大綱》（台北，台灣商務印書館，1996年），頁14、25、38、52以及頁73。
〔註4〕「自然」一詞使用的情形如下：例如《老子》五次，《荀子》二次，《莊子》八次，《列子》五次，《墨子》一次，《管子》一次，《韓非子》五次，《尹文子》二次，《呂氏春秋》四次。
〔註5〕參看池田知久著，〈中國思想史中的「自然」概念——作爲判斷既存的人倫價值的「自然」〉（收錄在《中國人的價值觀國際研討會論文集》，民國81年6月），頁530。
〔註6〕這兩個問題的肯定意見在學術界已被廣爲接受，例如劉笑敢著，《老子》（台北：東大，民國86年），頁67與頁79。以及丁原植著，《《老子》哲

回答，因爲目前無論在考古文獻或思想史研究上，老子其人的確切年代並無定論。〔註7〕筆者認爲，既然在年代上無一定論，亦即無足夠的證據說明《老子》文本在時間上的在先性，因此不能論斷「自然」一詞源自於老子。相對地，第一個問題十分複雜，必須先考察「自然」一詞在先秦典籍中的用法與意義，然後再提出符合哲學術語的標準才能以茲判別。

二、「自然」一詞在其他先秦典籍中的用法與意義

　　關於「自然」一詞在其他先秦典籍中的用法與意義，筆者簡略整理出五處，分述如下：一、在《墨子・經說上》寫道：「諾：『相從』、『相去』、『無知』、『是』、『可』，五也。正五諾，若人於知，有說。過五諾，若員與直，無說。用五諾，若自然矣。」這裡提到的「五諾」，是指五種回應對方所言的表述型式。若五諾使用得當方可形成相應的「說」；反之，若失當，則「無說」。伍非百先生解釋：「說，今謂之『推理』。」又：「能利用五諾者，即能盡辯說之宜。故說曰：『用五諾，若自然矣。』」。〔註8〕可見五諾使用得當，才有可能形成正確的推理。否則「苟不精於其道，將致殽亂」，〔註9〕違逆事理之本然。解釋關鍵在於「若」字，應解釋爲「順」。因爲段玉裁《說文解字注》釋曰：「毛傳曰：『若，順也。』」所以，此處的「自然」，應解爲「事理本來的樣子」。換言之，對於事理的推理形成之前，必須有相應之「諾」，而用諾得宜，才可依順事理之本然，提供對話者雙方所對的「自然」事理正確的認識，否則將導致名實殽亂的後果。二、《呂氏春秋・義賞》有此一說：「春氣

　　學中 "自然" 的觀念〉（收錄在《哲學與文化》二十卷一期，1993 年 1 月），頁 108。

〔註7〕關於老子其人其書之說，眾說紛紜。大致上可分爲三派：第一派認爲老聃確在孔子之前，《老子》一書是老聃遺說的發揮。主張此說者有胡適、馬敍倫(即馬夷初)、張煦、唐蘭(即唐立廠)、郭沫若、高亨等學者。第二派意見認爲老子是戰國時代的人，《老子》書也是戰國時代的書。或說戰國末，或說戰國初。主張此說者，有梁啓超、范文瀾與侯外廬等學者。第三派則是主要講書而不論其人，認爲《老子》成書在秦漢之際。持此說者主要是顧頡剛。可參閱《古史辨》第四、六冊（上海古籍出版社，1982 年重印本）。或熊鐵基、馬良懷、劉韶軍著，《中國老學史》（福建：人民出版社，1997 年），第一章。

〔註8〕引文見伍非百著，《中國古名家言》（北京：中國社會科學出版社，1983 一版），頁 439、頁 93。

〔註9〕參見譚戒甫著，《墨辯發微》（北京：中華書局，1996 年），頁 189。

至，而草木產；秋氣至，則草木落。產與落，或使之，非自然也。故使之者至，物無不爲。使之者不至，物無可爲。」這裡的「自然」，意思是草木自己本身，如此呈現的樣子。而春氣、秋氣導致草木的產、落情狀，這些情狀並不是「草木本身能呈現的樣子」。三、《荀子・正名》曰：「散名之在人者：生之所以然者謂之性；性之和所生，精合感應，不事而自然謂之性。」這段話用於解釋「性」，性不是人的任何造作（事）而成，人生而即是如此存在著。四、《列子・力命》曰：「自然者，默之成之，平之寧之，將之迎之。」這裡所說的「自然者」，顯然已是指任一合於道的對象而言，〔註10〕而不是一純粹「存有樣態」的表現。五、《管子・形勢》曰：「得天之道，其事若自然；失天之道，雖立不安。」《管子》書中的意思，大致上與上述《墨子》書中的「若自然」相同。此外，增加的是主張掌握天的規律，行事將可順乎自然。因此，「自然」含有得天之道所呈現的效果意義。

綜合以上所述，先秦「自然」一詞的意義如下：一、字面上的解釋是「自己如此」。〔註11〕表示某種原初樣態的描述，這樣的樣態因其「本性」而表現，不必說明就可明白。因此，「自然」具有「本質性」的意義。二、指向獨立於人之外的客觀「事理」，可作爲知識上的判準。三、強調排斥外力的驅使，而是個體本身獨立、自發之存有展現。四、從純粹樣態的描述，衍伸出樣態的載體意義，即「自然者」的對象化用法。五、通常與天、天之道有密切的關係，足以說明「自然」概念，可能由天概念發展而來。而《老子》中的用法，除了二、四以外，其餘皆有含攝在內，尤以道與自然的關聯爲主軸，甚爲特殊！雖然，「自然」的詞義有以上幾種，大體而言，皆可順著「自己如此」此一常語予以解釋。但實際上的意蘊，則必須透過文本的脈絡意義方可決定。經過以上文本的分析，不難斷定「自然」一詞在百家爭鳴的時代，已作爲一般口語上指示樣態的語詞。至於在文本中「是否爲一嚴格的哲學術語？」此一問題筆者認爲，文本中並無直接或間接的定義出現，而今人冠以「範疇」稱之，應是嘗試賦予系統化的解釋，即是將「自然」一詞作爲後設理論來研究，因而成爲一哲學術語。

〔註10〕「自然者」專指合道者，可參考楊伯峻撰，《列子集釋》（北京：中華書局，1997 年），頁 203、204。

〔註11〕可參閱錢穆著，《中國思想通俗講話》（台北：東大，民國 79 年），頁 100。或張岱年著，《中國古典哲學概念範疇要論》（北京：中國社會科學出版社，1999 年），頁 80。

第二節　《老子》自然思想的一般性與特殊性

一、一般性──以經驗觀察爲理論基礎

　　清末以來，西風東漸，在一片崇尙西方科學的氣氛下，知識份子普遍認爲，中國古代哲學與自然科學曾經有過一段深沈、哀痛的時期。例如胡適先生寫道：「神仙與陰陽都假托於黃帝，於是老子加上黃帝，便等於自然主義加上神仙陰陽的宗教，這便是所謂『道家』。」又說：「陰陽機祥的迷信使道家放棄傳統的自然主義的宇宙觀，而成爲機祥感應的迷忌的宗教。」〔註 12〕梁啓超先生在《陰陽五行說之來歷》中寫道：「陰陽五行說，爲二千年來迷信之大本營。直至今日，在社會上猶有莫大勢力。」〔註 13〕從這兩位當時出色的學者言論中，頗能反映當代對於陰陽五行說的看法。正因爲如此，中國古代哲學與自然科學討論的陰陽、氣論失去了知識上的地位，一股腦兒被判爲宗教、迷信之說。這樣的意見在現今學界仍所在多有，而道家包含黃老之學，老子乃至於先秦其他諸子的自然思想，受到黃帝神仙之術產生的不良印象影響，竟也被後人視爲迷信之說。

　　若論先秦自然思想的含意，則必須將「宗教神學」排除在外。理由在於當時的自然觀，皆出於「經驗觀察」而來而非出於信仰或憑空想像。經驗觀察即是指「仰以觀於天文，俯以察於地理」（《易・繫辭上》）。另外，「陰陽的基本範疇是『近取諸身，遠取諸物』（《易・繫辭下》）。」〔註 14〕就以陰陽氣論爲例，在先秦的典籍中亦可找到許多經驗現象以供證明。〔註 15〕因此，這

〔註 12〕引文見歐陽哲生編，《胡適文集 6》(北京：北京大學出版社，1998 年)，頁 551、552。引文中提到的「迷忌」，依胡適之解釋：「我用 "迷忌" 一個名詞來翻譯近世人類學者所謂 magic；"迷忌" 的界說是 "用某種物件，或行某種儀式，以圖影響(即感應)自然界或超自然界的勢力，以爲自身或團體求福禳災"。」

〔註 13〕轉引自（日）井上聰著，《先秦陰陽五行》(漢口：湖北教育出版社，1997 年)，頁 7。

〔註 14〕引文見陳遵嬀著，《中國天文學史》(臺北：明文，民國 87 年)，頁 57。他解釋說：「"近取諸身" 是指男女兩性的區別，"遠取諸物"，即指天地萬物、晝夜寒暑、老壯、生死……等等自然現象和社會現象。」

〔註 15〕例如，《荀子・天論》曰：「列星隨旋，日月遞炤，四時代御，陰陽大化，風雨博施，萬物各得其和以生，各得其養以成，不見其事，而見其功，夫是之謂神。」《莊子・知北遊》曰：「陰陽四時運行，各得其序。」《列子・周穆王》曰：「其陰陽之審度，故一寒一暑；昏明之分察，故一晝一夜。」《墨子・天志》曰：「是以天之爲寒熱也節，四時調，陰陽雨露也時，五穀孰，六畜遂，

樣的見解足以說明中國古代自然思想並非「迷信」，反而有其經驗基礎，哲學、自然科學也據此得以生存和發展。當然《老子》文本中，仰觀俯察的痕跡，亦歷歷可數。例如，「致虛極，守靜篤，萬物並作，吾以觀復。夫物芸芸，各復歸其根」（十六章）。這段文字強調透過本身的修養工夫排除一切紛擾，專心致力於「觀復」，經過大量的觀察歸納，遂可形成「各復歸其根」的命題。段玉裁《說文解字注》釋曰：「《穀梁傳》曰：『常事曰視，非常曰觀。』……《小雅·采綠傳》曰：『觀，多也。此亦引申之義，物多而後可觀，……。』」由此可知，老子的思想不僅從經驗觀察（觀復）而來，他使用的認識方法亦不是一般的「直視」，而是有意識地、通盤地審視認知的訊息才得出結論。筆者認為，理論立基於經驗觀察，的確是先秦自然思想的普遍特性，這樣的特性必然包含非迷信的思想進路。進而言之，諸子已能概略掌握「天道自然」的規律（如二十五章曰：「周行而不殆，可以為天下母。」），或可謂：「自然界的運動遵循著自己的原則，不是神的安排，為哲學掙脫宗教和神學提供了現實的依據。」〔註16〕

二、特殊性——「道」之獨創

　　雖然在自然思想方面(陰陽氣論)，先秦諸子的思維模式極其一致，但《老子》的「道論」卻獨樹一格。首先觸及到一個根本的問題，即「道」的提出，是否意味著一種自然思想？當陰陽、氣或物被視為自然思想討論的對象，已是理所當然的事實，而將「道」納入自然思想的討論範圍，是否恰當？問題在於人們已經習慣將「自然」理解成外界具有物質（matter）屬性的對象或這些對象的組合體，於是人與自然之間始終存在著罅隙。前述的「自然」概念，是一種自然科學或自然哲學的概念，然而這樣的理解將「自然」的解釋窄化，甚至造成誤解。〔註17〕因此，將「自然」理解為物質本性，僅僅是一種現代

　　疾菑戾疫凶饑則不至。」《管子·乘馬》曰：「春秋冬夏，陰陽之推移也。時之短長，陰陽之利用也；日夜之易，陰陽之化也。」以上所舉出的自然思想，皆可從經驗認知，無一來自猜測、迷信。

〔註16〕參閱李申著，《中國古代哲學與自然科學》（北京：中國社會科學出版社，1993年），頁36。這段引文，表明了春秋戰國時代，哲學思想的發展轉向。即由「宗教神學」階段，轉向「天道自然」階段。諸子的自然思想皆藉由天道自然的掌握，而欲建構以人的主體性為主的理論路向。

〔註17〕這個誤解，是由於今人所理解的「自然」概念含有「唯物論」的假設。懷海德亦指出這是自然科學中的錯誤假設。可參看沈清松著，《物理之後：

人普遍理解的方式，並非唯一的方式。以《老子》中的道論而言，似乎還沒說清楚到底是物質性的，還是精神性的？〔註18〕懷海德認為：「自然就是那我們透過感官在知覺中所觀察到的。」〔註19〕雖然說道「是謂無狀之狀，無物之象」（十四章），王弼注曰：「欲言無邪，而物由以成。欲言有邪，而不見其形。」不見道之形象，意味著無法透過感官知覺觀察，這樣必然不符合自然概念討論的範圍。但是，我們可以據人事以推天道或觀察「物由以成」的存有現象之展現，進一步來掌握道。在這層意義上，「道論」可視為「存有論的自然觀」，可納入自然概念討論的對象，成為自然思想的一部分。〔註20〕

　　以「存有論的自然觀」而論，《老子》的道論，亦呈顯出一般性與特殊性。大體而言，道論應分為兩部分。一是純粹與道這個抽象、獨立的概念有關。例如二十五章曰：「有物混成，先天地生，寂兮寥兮，獨立不改，周行而不殆，可以為天下母。」再者，道作為與天的運行方式（天之道）或人的行為準則（人之道）有關。例如七十七章曰：「天之道，損有餘而補不足。人之道則不然，損不足以奉有餘。」在思維的抽象過程中，「道」的概念被認為是從「天之道」與「人之道」這兩種概念抽象發展而來。〔註21〕在先秦諸子書中，道的一般性用法指天或人活動的方式，屬於動態的範疇。而道從天或人這兩個活動的主體獨立出來形成「專論」，可謂是老學相較於其他著述的一大特色。原本論道不離天、人而說，而《老子》卻將道這個天和人的附屬概念，提高到與天、地、人同等地位，從而突顯出道的重要性。例如二十五章：「故道大、

　　形上學的發展》（台北：牛頓，民國80年），頁315。此外，海德格認為"physis"（希臘文習慣於譯為「自然」，即拉丁文的natura。）：「不是在原初的意義上被理解為綻開著，又持留著的強力，而是在後來和今天的意義上被理解為自然，....希臘人最初的哲學就在走向一種自然哲學，走向一種以為所有事物本來都具有『物質本性』的想法。」因此，"physis"的原意是「揭開自身的開展」，即「在者之在」，可視為「存有論的自然觀」。相同地，老子的道依於人道的作為而展現，亦可作此理解。海氏看法可參閱其巨著、熊偉譯，《形而上學導論》（台北：仰哲出版社，民國82年），頁14～18。

〔註18〕王德有著，《道旨論》（濟南：齊魯書社，1987年），頁29。
〔註19〕Whitehead, A. N., *Concept of Nature*,（Cambridge： Cambridge University Press，1978），p.3.
〔註20〕關於道的存有意義可歸於自然思想（可觀察）之範圍，《老子》中有幾個線索：一、道本身，即道轉變為物（思維對象）的描述。二、天之道。三.人之道。可詳見本論文第三章。
〔註21〕可參閱本論文第三章‧第一節‧二道在理論上的意義。

天大、地大、王亦大。」由此，道的特殊性可見一般。

第三節　史官視域

一、以文獻記載推定《老子》思想的史官背景

　　自然思想在先秦社會的發展中，一般百姓已經能夠清楚認識到一些天象的知識。〔註22〕但真正到達理論認識深化的程度，恐怕只能歸於一些精通天文學的政府官員。先秦的自然思想中，具有最重要地位者，便屬「天」的研究。依據《史記‧天官書》，司馬遷認為「昔之傳天數者」有十四位。但依據江曉原先生的研究，其中史佚為太史，萇弘為大夫，只要是身為政府要員而又精於星占學，皆有可能擔負「傳天數」、言天道之職責。〔註23〕就此看來，《老子》書中常常提到「天之道」，似乎符合司馬遷所言的「昔之傳天數者」，於是基於合理的假設，老子極有可能精於天文占星之學，才得以言天道。另外，依《史記‧老子列傳》記載，老子其人「世莫知其然否」，只是在三位可能的人選中，兩位（李耳、儋）皆具史官身份。再者，《禮記‧曾子問》的《正義》引《論語》鄭注曰：「老聃，周之太史。」與《漢書‧藝文志》：「道家者流，蓋出於史官。」以上諸例，大致上可得兩點結論：一、從《老子》書中「據天道以明人事」〔註24〕的「天人合一」觀點推測，老子精於天文占星之學，才有可能「傳天道」。二、統合經、史學家的意見後，老子擁有史官的背景應頗具參考價值。而史官職能本掌「天文術數」之「天人之學」，〔註25〕所以二與一這兩個線索彼此一致，可補充《老子》自然思

〔註22〕例如顧炎武《日知錄》提到：「三代以上，人人皆知天文。『七月流火』，農夫之辭也；『三星在戶』，婦人之語也；『月離于畢』，戍卒之作也；『龍尾伏辰』，兒童之謠也。」引文依序出於《詩經》的〈豳風‧七月〉、〈唐風‧綢繆〉、〈小雅‧魚藻之什‧漸漸之石〉與《國語‧晉語》。可見一般人的天文常識與現代人比起來似乎毫不遜色。

〔註23〕江曉原著，《天學真原》（遼寧教育出版社，1997年），頁81。

〔註24〕《老子》「據天道以明人事」的觀點，可參閱張智彥著，《老子與中國文化》（貴陽：貴州人民出版社，1996年），頁111～113。

〔註25〕劉師培在《古學出於史官論》中說：「三代之時，稱天而治，天事人事相為表裏，天人之學，史實司之。」又在《補古學出於史官論》中說：「蓋古代之尊史官，非尊其官也，尊學術耳。古代學術以天文術數為大宗，而天文術數亦掌于史官，此史職所由尊也。」引文轉引自陳桐生著，《中國史官文化與史記》

想的外緣背景，豐富解釋上的思考方向。

其實，以先秦學術思想史來看，「史官精於天人之學」這樣的背景不僅只適用於老子，亦可涵蓋其他諸子之學。此即錢穆先生所言：「大抵古代學術，只有一個『禮』。古代學者，只有一個『史』。史官隨著周天子之封建與王室之衰微，而逐漸分布流散於列國，即爲古代王家學術逐漸廣布之第一事。」〔註26〕換言之，史官是古代社會解釋天道、指導人事的依據，只有周天子才可設史，諸侯並無私史，可見諳於天人之學的人絕非多數。又從「禮不下庶人，刑不上大夫」（《禮記·曲禮上第一》）而論，一般百姓無法從事學術研究，可見先秦諸子每每論及天人之學或禮的情形，象徵史官所掌的王官之學已經下傳至以平民學者爲主的百家之言。因此，諸子之學必然不脫於史官職能之範圍。再者，從《周禮·春官·宗伯》記載的太史職權，可歸結出「天文曆法、禮制、記錄歷史並藏書、卜筮、祭祀、軍事活動」〔註27〕幾點。相應於此，在《老子》文本中可得到許多關於古禮、兵學、天文富有史官色彩的參考資料。

這些見解或許可以強化《老子》自然思想的背景知識與呈顯古人以「法天」爲一切人事的指導原則。但關於天學的應用，一直以鞏固王權、占卜吉凶與敬授人時爲最終目的，到了《老子》其應用面已經擴及君王或人自身的安身立命問題。〔註28〕即「知常曰明，不知常，妄作，凶。....沒身不殆」（十六章）。應用層面的轉變在於，前人透過星象來占卜天子、國運之吉凶，而老子的天道觀，不只是日、月、星、辰的運行，尚包含觀察身邊自然界的「萬物並作」情況，然後利用自然律則之反省加諸於人，而非僅僅依賴占卜定吉凶。由此看來，作爲史官的老子已能掌握自然律則，提供人主治國與修身的參考，而不只是占卜吉凶而已。因而顯然與善於方術志怪的占星師（亦爲一種史官）大相逕庭，更突顯出其以自然爲對象的認識論進路。

（臺北：文津，民國82年），頁5、7。

〔註26〕引文見錢穆著，《國史大綱》（台北，台灣商務印書館，1996年），頁94。

〔註27〕引文見王博著，《老子思想的史官特色》（台北：文津，民國82年），頁32。其後關於《老子》中的史官色彩，王博先生亦有詳加考察，請參見其書第二章。

〔註28〕《淮南子·氾論訓》曰：「昔者萇弘，周室之執數者也。天地之氣，日月之行，風雨之變，律曆之數，無所不通，然而不能自知，車裂而死。」此段說明周大夫萇弘雖精通天文術數，但卻不知以常道保身，這點與老子強調利用天道指導人道以達長治久安的主張恰成強烈的對比。

二、《老子》中具有史官色彩的字詞

在文獻上提出老子的史官背景與其在先秦史官中的特殊性之後，筆者想以老子的史官視域爲思考方向，進一步提出一些《老子》章句的不同解釋以供參考。王博先生以「是以聖人抱一而爲天下式」（二十二章）中的「式」與「多言數窮，不如守中」（第五章）的「中」，認爲可能具有太史用字的痕跡。〔註29〕筆者認爲「中」字直接與自然思想有關。因爲《禮記・鄉飲酒義》說：「北方者多，多之爲言中者，中者藏也。」其意是要人「法天之陰居大多，而積於虛空不用之處也」（孫希旦注）。因爲把「多」說成「中」，是著眼於中是空虛可藏物的意思。換言之，多季時必須藏精不用才可應來年之需。在這個意義上，「守中」的意思，便可理解成法天地不仁的自然無爲之精神，不妄加言述，藏精於己才可免於窮盡。此外，《論語・堯曰篇》：「堯曰：咨，爾舜！天之曆數在爾躬，允執厥中，四海困窮，天祿永終。」此處的「中」與天文曆數有關。不必單單解釋成「無過不及之名」（朱熹注）這種原則化的理解。

不但如此，《春秋繁露・循天之道》謂：「……中者，天下之終始也，而和者，天地之所生成也。夫德莫大於和，而道莫正於中。中者，天地之美達理也，聖人之所保守也……和者，天地之正也，陰陽之平也，其氣最良，物之所生。……其所始起皆必於中，中者，天地之太極也，兼和與不和，中與不中，而時用之盡以爲功，是故時無不時者，天地之道也。」這裏的「中」，亦爲「聖人之所保守也」，實指萬物在天地之道流行的起點至終點的循環往復過程，即第十六章王弼注：「各返其所始也。」董子似以爲「中」這個過程爲道之理想標準（而道莫正於中）。而「和」者，爲天地之氣調和的最佳狀態，在此狀態下，物因而得生（即德莫大於和）。因此，中與和代表道與德的理想典範，而道與天道相關，德則與人德聯繫。於是中和即最完滿的天人之道，因而與自然思想又息息相關。因此老子的「守中」，又可理解爲執守萬物循環往復之「常道」。

〔註29〕參閱註27，頁 20～27。

第二章 「自然」含意的辨析

　　前面第一章主要的論旨，闡述自然思想在先秦的發展概要，以及一些「外延」成份的說明。而在這一章的討論中，將著墨於自然思想「內涵」方面的闡述。概略的說，在第一節的論述裏，我們可以發現，現代人已融入了《老子》「自然」一詞的理解與先秦時人所使用的「大塊」、「天地萬物」、「六合」、「四方」[註1] 這些表示萬物本身、總和及其界域的概念。透過現代人的理解，一方面可以與古人作一比較，以達正本清源之效；另一方面，在自然哲學討論的範圍內，可以導引出《老子》書中與之相似的課題。所以第一節的內容實已蘊含了第二節與第三節的基本內涵，可作為「總論」。而第二節主旨，除

〔註1〕現代人（包含東、西方人）常識中所使用的「自然」概念，大抵是指稱「自然界」與「萬物」的總合（可參看第一節）。但是先秦時期相應於此的意義，不是所謂的「自然」一詞而是「大塊」、「天地萬物」、「六合」、「四方」這些概念，在此有必要作一澄清，以避免混清。「大塊」出自「夫大塊噫氣，其名為風。」（《莊子・齊物論》）與「夫大塊載我以形，勞我以生……。」（《莊子・大宗師》）成玄英疏曰：「大塊者，造物之名，亦自然之稱。」可見「大塊」指稱「自然」，作為自然對象的「總名」而言。「天地萬物」通常指人以外的對象。如「其於天地萬物也，不務說其所以然，而致善用其材」（《荀子・君道》）與「天地萬物與我並生，類也」（《列子・說符》）。「六合」與「四方」並非專指存在物，而是指存在物居處的範圍、界域。如「六合之外，聖人存而不論……。」（《莊子・齊物論》）或「六合為巨，未離其內。」（《莊子・知北遊》）成玄英疏曰：「六合，天地四方也。」以及「君親六合，以考內身。」（《管子・白心》）。而「四方」最為常用，亦成文較早。如「惟我文考，若日月之照臨，光於四方，顯于西土。」（《尚書・泰誓》）。而「自然」變成「對象化」、「客體化」，內包天地而與之不同，或相當於今人自然科學中的「自然界」概念，魏晉阮籍的《大人先生傳》有提及：「天地生於自然，萬物生於天地。自然者無外，故天地名焉；天地者有內，故萬物生焉。……人生天地之中，體自然之形。」

了說明「自然」一詞的字面意義外，尚包含其與一些老學核心概念的關係，據此可突顯「自然」的重要性。最後一節則偏重於找出自然哲學討論的對象在《老子》中的線索，並且下接第三章之論述。如此，可兼顧第一章所提及老學「自然」意義的獨特性與一般性，即現象呈現意義與自然哲學觀點，因而第二、三節可視爲「個論」。

第一節　「自然」的現代含意與《老子》「自然」一詞的比較

一、「自然」的現代含意分析

在日常生活中，「自然」一詞有以下幾種用法：一、科學上的分類，例如自然科學與人文科學的分類。自然科學所用的「自然」概念，在研究對象方面是指包含人與萬物共同組合而成的一個整體或「集合」，這個研究對象與自然哲學全然相同。相異之處只是在於自然科學中，獨獨專注在各種特殊性質的研究，於是產生不同的科學領域。〔註 2〕二、「天然」之意，與「人爲」的意思對立。這種用法源自於人與自然關係的分裂，隱含著貶抑種種「人爲的作法」。意即各種人造的或人爲的事物，本來就與自然相違背，過份注重這些事物將會爲人們帶來傷害。例如，人造食品是不自然的，有害健康。三、「理所當然」之意，表示一種在常態情況下，合理的因果說明。例如，由於王小明從小就有貪吃而不運動的習慣，「自然的」，身材就日漸發胖。四、指稱事

〔註 2〕德國科學哲學家石里克（Moritz Schlick）認爲：「從西方思想的最初時期開始一直到牛頓，甚至到康德的時代，人們從未對自然哲學與自然科學作過區分。」引文見莫里茨·石里克著、陳維杭譯，《自然哲學》（北京：商務印書館，1997年），頁 5。從黑格爾所著的《自然哲學》之後才作此區分。一般說來有兩點原則上的區分：一、自然科學專注於「自然的某一部份或某一特殊領域」，而自然哲學是指「整體的自然或自然的整個領域」。二、在自然科學中，「自然作爲對象是被給定的、現成的，它的存在是無可置疑的、自明的，無需對它提出追問。」；而在自然哲學中，作爲認知的對象是自然本身，它的存在可被追問，不能本能的接受其「先在性和外在性」。引文參見陳其榮著，〈自然哲學：自然科學與形而上學的交融〉（收錄在《自然辯證法研究》第 15 卷、第 6 期，1999 年），頁 3。依此理解，《老子》的自然觀，包含整體（道）與部分（物、天⋯⋯），對於「自然」本身（道）的存在問題亦有探討。可參閱第三章·第一節。

物的內在本質（the inner nature of a thing）。〔註3〕在現代歐洲語言中，自然（nature）還有一個很重要的意義，「即當它指的不是一個集合而是一種原則時，……或說本源（source）」。〔註4〕換言之，自然就是「本性」。此一意義不僅普遍出現在希臘哲學中，而且也被認爲是道家哲學的核心概念。〔註5〕五、指涉一些人性與自然所呈現出的「物理現象」（physical phenomena）。〔註6〕筆者認爲這個意義即是《老子》所使用的「自然」的字面意義。

二、「自然」一詞的古今差異

綜合看來，我們可以有幾點結論：一、「集合的概念」其實是現代人所使用的以上五種用法中最常用的一種。〔註7〕即是上述自然科學、自然界、宇宙或世界的用法是來自於人類分別意識到個物的存在之後，將個物與人割離看待，並且經過經驗的累積，將個物概括成一「自然」的觀念，從而客體化或對象化，以便於指稱外在的世界。而《老子》中的「自然」，並不是這種「集合的概念」。其實，後來發展出「自然與人爲的意思對立」這種用法，亦是導因於前述這種將自然與人對立的看法。而這種看法便產生古代中國人與現代人對於自然不同的思考。二、上述第二種與「人爲」對立的用法，意指合乎自然的事物本身，「是自己發生和存在著，並不是因爲有誰製造或生產了他們」。〔註8〕這種用法很接近於《老子》中的「自然」命題。例如十七章：「悠兮其貴言。功成事遂，百姓皆謂我自然。」意思是君王「貴言」，居無爲之事，即可致使「功成事遂」的效果，但百姓卻不知其所以然，而聲稱這樣的效果是百姓自己造成的，並非有誰從旁協助。不過在《老子》中，「自然的事物」尚包含「人自己的作爲」，並非全然排斥「人爲」。三、口語上所使用的語句——

〔註3〕參看 Angeles,P. A., *Dictionary of Philosophy*, (New York： Harper Collins Publishers, 1981), p.184.

〔註4〕Collingwood, R. G., *The Idea of Nature*,(London： Oxford University Press, 1949), p.43.

〔註5〕可參閱王中江著，〈中國古典哲學中的自然主義——範式和理想詮釋〉（收錄在《中州學刊》，鄭州，1992 年第五期），頁 86。王先生認爲：「老子第一個表述了自然內在本性的觀點。在他那裡，雖然還沒有"性"這一名詞，但他說的"德"，就是指事物的性，指事物之所以是它自身的內在規定性。」

〔註6〕同註3，頁 184。

〔註7〕柯林悟說：「『自然』一詞總體而言是最經常地在集合的意義上（collective sense）用於自然事物的總和或聚集。」引文同註4，頁 43。

〔註8〕同註4，頁 29～30。

「……自然的……」，只是一種經驗上因果關係的主觀認定，目的在於向人肯定自己的信念。這種用法可能是類比於自然律而來，而歸納出一些人事上的律則。不過此一用法與《老子》的思想無關。四、「自然」意味著某種現象與事物內在的本性，正是《老子》中使用「自然」二字的字面意義與脈絡意義。從字面與脈絡的理解才可得到現象呈現出的深意。這個深意即是指「道」。總而言之，《老子》中的「自然」觀念，強調認知對象的呈現狀態，不但不是一個集合概念，更不是一種經驗上合理的因果說明。而是一個指涉外延廣泛而內涵粗略的命題。當然，《老子》中的「自然」一詞強調認知對象的呈現狀態，與西方自然主義，甚至自然科學的意涵相去甚遠。

第二節 「自然」在《老子》書中的含意

一、「自然」作爲常語使用

根據現今學者的考察，「迄今尚存的文字資料，在《老子》成書之前所有的著作中，並未發現由自與然二字結合成的固定語詞」。〔註9〕因此，似乎可以斷言「自然」在《老子》中的出現具有特殊的時代意義，這點在第一章已有論及。奇怪的是，「自然」竟從未在十三經中出現，包含《易經》、《春秋》、《書經》與《禮記》；但卻在先秦諸子書中大量出現，而作爲一常語使用。如《老子》、《莊子》、《荀子》、《韓非子》、《列子》與《墨子》等等。其中以老、莊、列與韓非使用次數較高。這種現象似乎說明了老學具有一定程度的影響力。

「自然」雖作爲常語使用，但隨著解釋面向的不同，仍有許多層差異性。一般而言，「自己如此」是最普遍、卻也是最粗略的理解。「自己」，可有多種不同的對象，必須依照《老子》上下文的脈絡才可得知。例如，十七章曰：「百姓皆謂我自然。」是指百姓而言。二十三章曰：「希言自然。」指君王無爲，則能讓萬物自然。這裡的對象，泛指萬物。二十五章曰：「道法自然。」指道自己本身。再者，以「然」而論，《說文》釋曰：「燒也。」段注曰：「……訓爲如此。」意思是某物自己正在燃燒的樣子，其狀態被我們清楚地掌握。即

〔註9〕引文見丁原植著，〈《老子》哲學中"自然"的觀念〉（收錄在《哲學與文化》二十卷一期，1993年1月），頁108。

依人本身理解而能掌握到的存在狀態。還有學者認為若以「自然」的詞義而言就是：「自來如此、自然如此、自己如此。"自來如此"是就其歷史發展的由來說的；"自然如此"是就其將來發展的趨勢說的；"自己如此"是區別人我彼此而說的。」〔註10〕又有一種看法認為「自己如此」應理解成為「自己如之」。因為：「"如此"的"此"，有"此在"或"當下"的意義，它容易被理解為一種完成的結果或狀態。實際上，"自然"總是伴隨著一種"連續"的過程和不停息的活動，伴隨著一種"尚未"的狀態，伴隨著存在一起永遠"朝著"去，因此"自然"的"然"不應是"已然"，應是"未然"，而"自然"就可以說是"自己如之"或"自己如向"的一種存在的最高方式。」〔註11〕

平心而論，上述細部的分析，的確可增進「自然」一詞的深度。個體的發展以時態而言，當然觸及歷史由來、現實狀態與未來發展趨勢。但是回歸《老子》文本，其中的「希言自然」（二十三章）、「以輔萬物之自然」（十七章）、「道法自然」（二十五章），後人所揭櫫的是「順其本性」這種後設性的意義，當然與文本中直接的對象狀態描述不同。《老子》強調在不同情境中，當下唯一可著力的，就是任其自己本性發展而不妄加干涉。所以，現實狀態的維護自當如此，似乎不必考慮到無能為力的過去與未來狀況。不過「區別人我彼此」這層意義確實值得肯定。因為《老子》中強調的「無為」，例如五十七章所言：「我無為而民自化，我好靜而民自正，我無事而民自富，我無欲而民自樸。」充分顯示出君王不加干涉可達到百姓「自化、自正、自富、自樸」的正面效果。區別人、我即是區別君王或聖人與人民之間的對待關係，目的並非造成為政者與人民的隔閡，相反地，是為了避免過多不符民情的限制，而回歸民眾自然本性，如此君王亦不費智、巧，萬物得其性而生，可謂是面臨當時「眾術紛雜、天下大亂」的一帖救世良方。〔註12〕另一方面，「如

〔註10〕參見朱哲著，《先秦道家哲學研究》（上海：人民出版社，2000年），頁127。
〔註11〕引文見王中江著，〈存在自然論〉（收在《道家文化研究》第六輯，上海古籍出版社，1995年），頁11。
〔註12〕眾術紛雜的現象，直接反映在《老子》所言的「絕智棄辯」之主張（十九章）。「絕智棄辯」據郭店本而修改。主要的用意在於修正王弼本《老子》所說的「絕聖棄智」這種「絕聖」主張的不合理性。因為，《老子》行文中，似乎有意樹立一以聖人為典範的規約性原則。而天下大亂的情形，表現在「朝甚除，田甚蕪，倉甚虛。」（五十三章）另外，絕智之說在《老子》文本中有十分豐富的資料，如今本六十五章曰：「民之難治，以其智多。故以

此」的意思，就認識活動而言，應是指對於當下「已然」呈現的「現象」的
掌握，這樣的理解只能是片刻的與概括性的認識，與個體本身存有的連續活
動或「未然」完成的狀態可以不相悖離。可見老子所用的「自然」，直接表示
一種現實可感知的狀態描述。

二、《老子》文本中的「自然」含意及其相關的概念

（一）言與自然

二十三章曰：「希言自然。」意即，希言則可隨順萬物自己所呈現的樣子。
「言」，《說文》釋曰：「直言曰言，論難曰語。」意思是少提一些「主張」則萬
物自然天成。這裡所說的「言」，可以視爲主政者立下的一些規範，既然是一種
規範，即隱含一種人爲的干涉或宰制。但是這一種宰制或者政令，老子認爲如
果冒然施行，會造成「信不足焉，有不信焉」的後果。因爲「天地尚不能久，
而況於人乎？」，天地都不能持續飄風、下雨，何況君主貫徹政令的意志能恆久
不變嗎？可是，政令要是不能長久不變，即時常改變，最終只會招致百姓的不
信任。此外，老子似乎並不反對「言」，只是強調「貴言」。例如十七章曰：「悠
兮其貴言。」因爲「多言數窮，不如守中」（五章），如此一來才能「功成事遂，
百姓皆謂我自然」（十七章）。又二章曰：「聖人處無爲之事，行『不言』之教。」
由此看來，老子似乎主張不言之教，這點與「貴言」的態度一致不二。其實，
聖人才須要貴言，因爲聖人才有妥善使用語言、施行政令的能力，而百姓並無
此能力，因而只能承受不言之教。聖人因爲知道言會改變，不能長久（飄風、
驟雨之例），根本上不可能存在著「一言而爲天下法」的情形，而且多說多錯導
致屢遭困窮，不如謹守「中道」〔註13〕（「多言數窮，不如守中」）。所以聖人不

智治國，國之賊；不以智治國，國之福。（帛書乙本作「以不知（智）知（治）
國，國之德也。」）郭店本曰：「人多智而奇物滋起。（譯文）」又三章曰：「常
使民無知無欲。」

〔註13〕「不如守中」（五章）的「中」字，第一章已有說明。即可理解成「萬物循環
往復之『常道』」。亦即執守中道便可「知常」，知常即是能夠掌握自然循環往
復的道理，不爲人的意志造成的行爲所改變，這樣的行爲《老子》稱爲：「妄
作，凶。」因此蔣錫昌先生將「中」理解成：「乃老子自謂其中正之道，即『無
爲』之道也。」引文見蔣錫昌著，《老子校詁》（台北：東昇出版事業有限公
司，民國 69 年），頁 37。無爲即是不妄作的意思，這樣的解釋實與「天道自
然」此一特性有密切的關連。同理，「不言之教」即「不妄作」，仍與《老子》
的天道自然觀有關。

只是要貴言，對於百姓直接行不言之教，讓百姓順其本然而生活，如此一來，不會遭致不信任的結果，這樣才是愛民治國（如十章曰：「愛民治國，能無知乎。」）的知者（五十六章曰：「知者不言，言者不知。」）。

但「不言之教」不易做到，正如四十三章所言：「不言之教，無爲之益，天下希及之。」另外，「中」字按黃釗意，當是「沖」之借字，〔註14〕即「守於虛」之意。第五章所說的「中道」就是守於虛，而虛就能不窮竭（虛而不屈），又第三章：「是以聖人之治：虛其心....。」可見「虛」是一種政治手段，而虛表現在聖人的作法上即是第五章所言的「聖人不仁以百姓爲芻狗」。所以中道即是以第五章前述的「聖人不仁、天地不仁」爲具體的表現。又王弼說：「天地任自然，無爲無造，萬物自相治理，故不仁也。」可見王弼亦以爲「不仁」是爲了「任自然」的緣故。綜合上述，守虛（中）是爲了要任自然。而爲何《老子》建議君王守虛，無非是對於「多言數窮」的考量，因爲言則產生「不信」與「不能長久」的問題，所以老子才要君王貴言、希言、守虛以及對百姓行不言之教、爲不仁、無爲之事，方可任其自然而大治。

☆

希言（或貴言）→ 可避免「不信」的結果

↓

貴言→可避免多言數窮→不如守中（虛）→不屈

↓

中道之表現：聖人之治（聖人不仁）→自然 ∴希言自然

（二）聖人之治與自然

1. 何謂聖人

道家以爲的「聖人」，大多指一理想的「政治典範」，而可作爲君王師法的對象。〔註15〕而《老子》中的聖人基本內涵亦是如此。究其所指則有以下

〔註14〕參見黃釗著，《帛書老子校注析》（台北：台灣學生，民國80年），頁29。

〔註15〕道家的「聖人」，並非常識中一「人格完滿無瑕」的「倫理典範」。而是在政治上能夠恃道而治的一個「政治典範」。「恃道」方面，可分爲「自然」之道與「爲政」之道。前者如「以天爲宗，以德爲本，以道爲門，兆於變化，謂之聖人。」（《莊子・天下》）、「昔者聖人因陰陽以統天地」（《列子・天瑞》）或「唯聖人知四時，不知四時，乃失國之基。」（《管子・四時》）。後者與君王的修德有關，如「以德分人，謂之聖人。」（《列子・力命》）或「是故聖人精德立中以生正，明正以治國，故正者所以止過而逮不及也。」（《管子・法

三者：一、指有道者。例如「孰能有餘以奉天下？唯有道者。是以聖人爲而不恃，功成而不處……」（七十七章）。二、指人主。例如「樸散則爲器，聖人用之則爲官長。」（二十八章）。三、指老子。如七十章曰：「……知我者希，則我者貴。是以聖人被褐懷玉。」老子自比聖人，言其難知而不被重視。

在《老子》文本中，例如五章曰：「聖人不仁，以百姓爲芻狗。」五十七章曰：「故聖人云，我無爲而民自化……。」三十七章曰：「侯王若能守之（無爲），萬物將自化。」據此可推測，聖人與百姓有一對待關係，即聖人以無爲來對待人民，人民將自化。在此，《老子》認定聖人以無爲對待百姓，而期勉侯王若能同樣效法聖人的作法，一樣能達到民自化的效果。由於上述的理解，必然易使人以爲聖人、君王似乎都扮演治理萬物的角色。再且二十八章曰：「樸散則爲器，聖人用之則爲官長。」聖人是官之長，而官之長即是人主。故張舜徽先生曰：「聖人，謂人主也。」〔註16〕由上所述，於是造成不去詳加辨別「聖人」與「君王」的差異之處。但聖人不能完全等同於君王。參看二十六章所述：「是以聖人終日行不離輜重，奈何萬乘之主……。」可見聖人不同於萬乘之君王，但同時皆有化育萬物之功。只是聖人是《老子》理論中設置爲君王師法的「政治典範」而已。

綜合上述，可作以下小結：一、聖人最常用於指有道者。二、雖然聖人與侯王都有化育萬物之功，但究其所指，畢竟不同。聖人可以作爲君王的模範，君王應該效法聖人之道。三、聖人與老子（吾、我）不同，但老子似乎自比聖人，而爲天下人所難知、難行，頗有「不受重視」之憾。四、參照《莊子·天下》的看法，聖人以天爲宗，有德有道，似乎是天人之間溝通的橋樑。作爲天之道的直接的傳人，指示著人間爲政處事之道，老子充當「傳天數者」，似乎亦合于〈天下〉篇之說。

2. 聖人與自然

如六十四章曰：「爲者敗之，執者失之。是以聖人無爲，故無敗；無執，故無失。民之從事，常於幾成而敗之。愼終如始，則無敗事。是以聖人，欲不欲，不貴難得之貨；學不學，復衆人之所過，以輔萬物之自然，而不敢爲。」此章主旨是表明聖人「愼終如始」的態度與作爲。「愼終如始」是指心態上要

法》）。而這兩方面的「道」之分析與「聖人」的意涵，與《老子》思想亦十分一致。

〔註16〕引文見張舜徽著，《周秦道論發微》（台北：木鐸出版社，民國72年），頁189。

小心謹慎，由始至終保持無爲、無執，順著事情自然發展，便有無失、無敗的結果。倘若妄加干涉，最終必造成「民之從事，常於幾成而敗之」。因此老子又言明「無爲」、「無執」的具體作法就是「欲不欲」、「學不學」。所以聖人是以無爲的心態來輔萬物之自然。常識中會有疑問，既然聖人有無爲之心，理當無所事事，又何必輔萬物之自然？「輔」概念是否與「無爲」相違？原因在於民之從事，常常任意爲之，破壞了萬物之自然，而只有聖人才能做到如四十八章所言：「損之又損以至於無爲，無爲而無不爲。」換言之，聖人能夠愼終如始，保持無爲之心從旁輔助萬物之發展，排除一切不必要的干涉，讓萬物自然發展成一整全狀態，而人民往往適得其反。由此可見，聖人「輔」的作法，是要除去人們多餘的干涉，也就是「無爲」的實質內涵。所以，聖人與自然的關係，應被定位在自然的「輔助人」。可見，「無爲」並非什麼都不做，而是以「無爲」來「輔」之。因此，仍以「無爲」當作行動之依據，於是不與「無爲」的概念相違背。

又如十七章曰：「功成事遂，百姓皆謂我自然。」「自然」是針對百姓本身呈現的樣態而言，並不排斥「人爲」的作法，因爲「我自然」的現象，即是百姓自己所爲而呈現的樣子，這點與「自然」排斥「人爲」的現代意義不同。此章說明爲政之道在於君王「無爲」，無爲可得人民之信任（因爲「信不足焉，有不信焉。」），無爲的效果是使百姓覺得任何成功之事與君王完全無關，而是百姓自己的功勞，其實是因爲無爲而百姓不知其所以然之故。這樣的效果，一則能避免百姓對上位者產生不信任，一則可造成五十七章所說的「民自化」（因爲「我無爲」）、「民自樸」（因爲「我無欲」），消彌紛爭，方便統治。總而言之，聖人與君王在《老子》自然思想中，扮演著「輔助者」的角色。在其政治理論中，一般黎民百姓只能受不言之教，並無關於「無爲」、「無欲」……等等這些治術，治術本身專屬於君王或聖人所有。由其核心理論（自然、無爲……）與聖人、君王的文本結構關係可知，《老子》之道應屬「君王南面之術」（《漢書·藝文志》），其目的便是「務爲治」（司馬談〈論六家要旨〉）。就先秦百家爭鳴的觀點而言，《老子》思想當然也只能歸於一「術」。而就《老子》文本考察，似乎有意將「道」提升至具有理論上普遍性的地位，不論如何，「自然」狀態的維護則爲其一切理論的最終目的，而聖人就是自然的維護者。

（三）道、德與自然

前面論及有關聖人之治所出現的「道」，是指聖人所依循的一些方法，或

是最正確的作法。因此，道的意義與人的作為息息相關，即是〈天下〉篇所言的「術」。而道的另一獨創性意義，最明顯表現在二十五章中。從「有物混成，先天地生。寂兮寥兮，獨立而不改，周行而不殆，可以為天下母。吾不知其名，字之曰道，強為之名曰大。」來看，郭店本將「物」字寫成「狀」（譯文）字。不論是「物」還是「狀」，已經意味著道不是一種人的作法而是一個實存的東西，或可能是老子所認定存在的信念，然而實際上並不存在於自然界而是概念界。當然也有可能是老子在難以說明道這個抽象概念的情況下，不得已而使用譬喻的方式，把道比擬成感官可以掌握的物或狀，以便於使君王能夠了解道的重要性。因此，「道」至少有「倫理學」與「存有學」上的意義。〔註17〕而二十五章提到的「道大，天大……」與「人法地，地法天，天法道，道法自然」。很明顯地，道被當作一個認識的對象，而不只是一些正確的抽象作法或原則。因此老子似乎認為道是可以被認識的，儘管不是那麼的清楚。

此章一開頭就介紹道「可以為天下母」（本據）。而後強調王與道皆大。最末則說「道法自然」。這說明了：一、一切的對象都應唯道是從。二、因為人們常常背道而馳，而君主是人中之最、與道同大，因而與道的關係最為密切。三、道仍然是王（人）、地、天應該效法的最高模範。因為王、地、天仍須效法某一對象，只有道無任何對象可法而只能法自己本然的樣子，即是保持道之原貌，作為其他對象的榜樣。這樣的表述，呼應了道「可以為天下母」的道理，並且在萬物中是最優位的。所以，王、地、天都應該效法道作為模範的樣子。〔註18〕總而言之，此章的「自然」所指的是作為天下最高模範——「道」的存有展現樣態。

另外，道、德與自然的關聯亦表現於五十一章所言：「道之尊，德之貴，夫莫之命而常自然。」「德」，《說文》釋曰：「外得於人，內得於己也。」在此有兩種意思：一、德澤。指外得於人的恩惠。二、內在德性。這裡應指人所具有的內在德性。相應於此章所載「是以萬物莫不尊道而貴德」，「德」應

〔註17〕請參看第三章・第一節。

〔註18〕但《老子》為何不說王、地、天皆法道，而須分層級，是否有不可越位而法的意思？從王弼所注：「人不違地，乃得全安，法地也。地不違天，乃得全載，法天也。」人似乎只可法地，而地只可法天，但只有天可法道，而人、地不可直接法道。倘若人不可直接法道，則「以道佐人主者」（三十章）如何可能？較合理的解釋應是，此章的人、地、天只是呈顯其位階之別而已。

指萬物得道後而有的內在德性（當然萬物亦包含人在內）。此章的「道生之，德蓄之」，意指萬物「藉由」道而展現，並於得道後據德形成「內在滿盈德性」來畜養萬物本身，以恆全其「自然之性」。〔註19〕而「夫莫之命」的「之」字，應指前述「道之尊，德之貴」而言。因而整句之解釋是「以道德那麼地尊貴，不用給予道、德任何稱謂或命令，道、德本身即可恆常地保有本然的樣子」。總而觀之，道、德只是生、蓄萬物而不干涉萬物形成之後的自我呈現性。故又曰：「生而不有，為而不恃，長而不宰，是謂玄德。」（五十一章）從認識上言之，或可說所有自然之物，已是一存有之物，因而已經藉道而生，同時本身也已有一些內在德性，才得以存活。因此，此章所用的「自然」，與二十三章的「希言自然」是一致的，都指萬物的本然狀態而言。另一方面，從郭店本的文字來看，德即「惪」，可拆成「直」與「心」。孔子曰：「吾黨之直者異於是：父為子隱，子為父隱。直在其中矣。」（《論語・子路》）此處的「直」即「順乎天性與人情」。〔註20〕而順乎天性與人情即「自然」概念中的本性意義。再者，子曰：「人之生也直，罔之生也幸而免。」（《論語・雍也》）「直」可理解為「真誠」。〔註21〕而儒家所說的「誠」即「自然」。〔註22〕所以，古字「惪」確可表示人性真誠的自然本質，由此可表現德與自然之同義關係。

（四）其他概念與自然

例如三十七章曰：「侯王若能守之，萬物將自化。」以及五十七章曰：「我無為而民自化，我好靜而民自正，我無事而民自富，我無欲而民自樸。」這些資料在老子文本中，與自然無直接關聯，而有間接關係。蔣錫昌注十七章云：「老子所謂『自然』，皆指『自成』而言。『自成』亦即三十六章及五十七章『自化』之意。」我們可以將自定、自化、自富、自樸視為自己如此（自然）的各種不同的展現，而「自成」正是強調存有對象完整的展現活動，與自然的解釋並無

〔註19〕這種解釋的理由採取王弼注：「何由而生？道也。何得而蓄？德也。」此外，「自然」依照魏源《老子本義》注「道法自然」而曰：「自然者，性之謂也。」所以，「莫之命」的目的是為了讓道、德本身各得其本性，即「常自然」。

〔註20〕參見傅佩榮解讀，《論語》（台北：立緒文化，民國88年），頁331。

〔註21〕同上註，頁140。

〔註22〕參閱錢穆著，《中國思想通俗講話》（台北：東大，民國79年），頁100。可見「自然」又可稱之為「真」或「誠」。又如胡適先生說：「真字古訓誠、訓天、訓身，能代表此物的特性，故謂之真。」「此物的特性」即自然的意思。引文見歐陽哲生編，《胡適文集6》（北京：北京大學出版社，1998年），頁202。

不同，兩者皆指存有活動的不斷呈現。另外，「無爲、無知、無欲」這些否定意向性行爲的主張，其目的也都是爲了「順自然」而已。〔註23〕

三、王弼對於「自然」的看法

（一）「自然」是存有活動的總名

二十五章王弼注：「自然者，無稱之言，窮極之辭也。」因爲自然是一種呈現活動，我們無須透過智慮之理性運作即可瞭解，故注云：「用智不及無知。」而且在思辨上，「無形」的可變性比具象高，故曰：「精象不及無形。」再者，既然是存有活動的總名，爲了不定於一特定概念而失去窮盡一切的「非限定性」，當然更無須使用任何特定的名稱來表述它。而且隨著存在對象的不同，當我們拋棄成見與任何刻意的宰制行爲（言、命、爲），方可窮盡一切、順其自然，使得一切適得其所、各安其位，充分發揮其存在的意義與價值。故曰：「無稱之言，窮極之辭。」

（二）生物本能意義上的「自然」

例如：「夫耳、目、口、心，皆順其性也。不以順性命，反以傷自然，故曰：盲、聾、爽、狂。」（十二章注）這裡的「自然」其實即人生理上的本性義。又如：「夫燕雀有匹，鳩鴿有仇；寒鄉之民，必知旌裘。自然已足，益之則憂。」（二十章注）這裡的「自然」包含動物的本能反應，所以王弼將《老子》的「自然」，加以解釋成生物本能意義上的「自然」。再則二十九章注：「萬物以自然爲性，故可因而不可爲也，可通而不可執也。物有常性，而造爲之，故必敗也。」可見自然即萬物本性，順自然即順萬物本性之發展，這點與《老子》不謀而合。

第三節　《老子》的自然觀

一、自然哲學與自然科學的滲透

所謂的自然觀應可指「提供人們對於自然界以及人與自然關係的總觀

〔註23〕「無爲」的目的是爲了順自然，這點在說明聖人之治與自然的關係時已提及。此外，王弼注「道常無爲」（三十七章）曰：「順自然也。」亦是明證。而「無知、無欲」與自然的關連在於王弼注第三章：「守其眞也。」由此可知，「眞」只是「自然」的另一個代名詞（參見上註），因爲「眞」可表示「自然」的狀態。

點」。〔註24〕相應於此，《老子》中的自然觀亦觸及到對於「自然界的認識」以及「人與自然的關係」。這兩個自然觀的基本面向，根本上已涉及自然哲學與自然科學的領域。我們必須明瞭，就研究範圍而論，自然哲學以研究普遍性的原理爲職志，而自然科學卻專注於某一個別的現象。《老子》以「道」的自然呈現作爲萬物的普遍規則，這是就自然界的整體呈現的「自然」而言，理應屬自然哲學的範圍。而就「氣」的理解而言，氣是一種宇宙構成的最基本元素概念，因而是自然科學的研究對象。但涉及到氣的聚、散與萬物、道的關係，則是一種基於哲學思辨的論述，純屬自然哲學的主張。又如「天道規律的掌握」是當時史官的職志，實已具有古代天文學的程度。〔註25〕天文學屬於自然科學的範圍，所以古代天文學的背景可能直接導致《老子》自然觀的產生。

　　但是顯而易見地，《老子》只把「萬物」當成感知的對象看待，即作爲其理論中的「經驗事實」看待，並無進一步科學的系統研究，並不能說具有嚴格意義的自然科學性質。可是《老子》中觸及的「無名天地之始」、「有名萬物之母」（一章）的萬物起源問題，又屬自然哲學的討論範圍。我們注意到古人並沒有嚴格區分自然科學與自然哲學。但這樣的區分可突顯《老子》的自然觀是以自然科學知識（古代天文觀）爲背景，然後提出自然哲學觀點。從諸多上例可知，《老子》中的自然哲學思想明顯比作爲背景知識的自然科學思想來的豐富。而所謂的「自然哲學觀點」，筆者認爲應指「自然存在論」、「自然人化論」與「自然價值論」三部分。〔註26〕《老子》文本中，「研究自然存在的普遍方式」即關於「道」描述爲自然存在論。自然人化論是指「從人的實踐活動出發說明人與自然的關係」。例如「天之道，利而不害。聖人之道，爲而不爭。」（八十一章）其中「利而不害」、「爲而不爭」皆獨爲人的實踐活動，旨在說明人把自然原理的「道」當作人的實踐原則，並且直接依循天或聖人之道而行事。即人之道實可與天之道互通爲一。自然價值論則強調自然

〔註24〕引文見陳其榮著，〈自然哲學：自然科學與形而上學的交融〉（收錄在《自然辯證法研究》第15卷、第6期，1999年），頁3。

〔註25〕關於天道規律的掌握，已具有相當的水準。如「從周初到漢代期間，天文上已經形成了二十八宿體制，隨著建立了赤道座標系統，對月亮和五大行星在天球上的視運動和運行規律已認識得相當清楚。」引文見潘鼐、崔石竹著，《中國天文》（上海：三聯書店，1998年），頁2。

〔註26〕同註24，頁4、5。此段以下引文出處與此註皆同。

界的組成部分，其價值不在於爲人類服務，甚至人類的價值亦「從屬於自然整體的價值」。這點從「道之尊」（五十一章）與「天得一以清，地得一以寧，….侯王得一以爲天下貞。」（三十九章）可得證。因爲自然藉「道」呈現而有價值，而「一」是一個最整全的概念，形容道的完備性，道即以「一」的形式而表現，成爲自然的樣子。故《說文》曰：「道立於一，造分天地，化成萬物。」可見「道」與「一」堪稱自然整體的最高價值。

二、對於自然界的認識

上個論述主題提出了《老子》的自然觀即以自然哲學爲主，並且蘊含自然科學的觀點。不論是自然科學或自然哲學，都以自然界爲觀察的對象。所以《老子》自然觀的重要來源，是來自於對自然界的觀察。對自然界觀察的結果便產生《老子》思想的核心理論。〔註27〕

關於「自然界的觀察」，在《老子》中大致上有總體與個別兩方面。就總體而言，指自然原理的研究。例如，恆常、動靜、有無、陰陽、道的問題。就個別而言，指組成自然的一部份元素。例如，天、地、物、人等元素。從這樣的分類觀點，亦可看出《老子》以自然哲學爲論述要旨的傾向。因爲《老子》思想重點從自然的觀察出發，歸結出一些可供人遵循的原則。如「知常曰明」、「清靜而爲天下正」、「有之以爲利，無之以爲用」。這些自然命題皆屬自然哲學的研究範圍，而且相較於現代的自然哲學，足以證明老學思想的進步。因爲在現代的自然哲學中，「『自然』指的不僅是一個集合而且是一種原則，是敘述自然界中的事物爲何像它所表現的那樣行爲的原則。」〔註28〕由此可知，從自然命題發展至倫理上的行爲原則當然亦是自然的內涵。自然的內涵並非只是流於外在自然界的存在描述。

相對於此，在《老子》的思想中，作爲自然的一部份組合元素，只具有實在論性質的意義，與其所關心的「人化的自然」，卻只能作爲其實踐理論的輔助對象，無須在文本中提出進一步的闡釋，因而個別的自然觀察對象（物、天……），在老學中，並非佔有最優位的角色。換言之，天、地、物這些認知對象在《老子》中，只是專爲其強調的「道論」而設的理論主體，即藉以明

〔註27〕關於「道家對自然的態度及其科學觀察之心理」可參閱李約瑟著，《中國之科學與文明（二）》（台北：台灣商務印書館，民國 74 年），頁 83～106。

〔註28〕同註 24，頁 4。

「務為治」之義，其理論上的地位，似乎不能高於「道」的地位。但筆者認為，若能清楚建立這些對象的意涵以及其與「道」的關聯，則頗有提升老學自然研究的價值，再而點明「自然觀察」實是老學理論之基本方法。〔註29〕

〔註29〕例如李約瑟認為，道家觀察自然的動機是在於求得內心的平靜（靜心）。「靜」，是《老子》強調的重點之一。參閱註27，頁94。

第二部分
《老子》自然思想的基礎及其應用

第三章　自然思想的基礎——自然存在論

　　第二章主要的內容集中在「自然」一詞的古今意義比較以及顯明《老子》文本中可能與自然哲學有關的線索。我們不難發現，針對「自然」的詞義而言，這樣的釐清目的在於極力避免以今亂古、以名亂實的流弊。然而僅止於詞義的理解、分析，頗有不足之憾。因為本文的論基乃依中國古代天道論而立，因此相應於此的自然哲學觀點必不能自外。換言之，本章所討論的是老學理論成立的基礎，亦即以經驗觀察為內容的自然思想是其一切主張的出發點。就自然思想的根本部分視之，可分為總體的「自然原理」與個別的「自然元素」兩個部分以供討論。所以本章討論的內容首先就老學基礎論部分的「道論」提出說明，再而從以道作為自然原理，觀察天地如何作為法「道」的行為主體而展現，而這個展現的活動被歸結為「天道」或「天之道」，成為一規範性原則。第三節內容則明確說明自然原理的「道」絕對不等同於自然元素的「物」，並區分外界的陰陽之氣與人體之氣的根本差異，進而從氣這種自然原理的掌握得以了解自然之道與人之道的不同。最後一節則以認識論的進路說明有、無與動、靜這些自然律與人的心理活動有關，有別於一般常識上的概念。

第一節　道的意涵與認識

一、基本意涵

（一）道是呈現性的活動

　　此章名為「自然存在論」，顧名思義，以「自然哲學」的觀點考察一切存

有對象的意義。如此而言，「道」是否合乎自然哲學討論的範圍，似乎是一個急需解決的問題。而「道」若求最適合的解釋，還是首推洋人「自然」（Nature）這個概念。〔註1〕因爲「道」仍然被視爲感官認識的對象（即以術論道），或可說「道」是自然存有者呈現出的樣態，例如天道呈現出「圓周」的現象，「圓周」即是天之「道」，可以供人清楚認知。此即「自然」的呈現義，所以「道」與「自然」具有同樣呈現的意義。〔註2〕因此，道屬於自然思想考察的範圍理當不在話下。

　　長久以來，「道是什麼？」這樣的問題一直困擾著後人。一方面因爲文本中的文字線索並不能產生令人容易理解的語境，如「玄之又玄」、「恍兮惚兮」這樣在認知上並無實指的狀態。另一方面則因爲注解者本身已先預設特定的立場，如將《老子》視爲救世書、政術書、兵書、養生書。〔註3〕若以春秋戰國紛亂的局勢而論，《老子》似乎是一部救世書、政術書。但是以中國哲學不離歷史的發展觀之，這種看法的確在知識的證成上，具有較充分的詮釋視域。但是由於老子其人其書之年代考訂，在目前的學術界尚無定論，因其論證的依據大抵不外乎從《老子》文本與諸文獻的文字相關性判定，〔註4〕此種方法

〔註1〕 參閱 Archie J. Bahm 著、蔡方鹿譯，〈論老子之"道"〉（收錄在《天府新論》，成都，1995年第4期），頁59～63。

〔註2〕 「自然」具有我們「感官的對象」之意義除了第一章・第二節所提到的「懷海德的定義」，尚有康德所言：「於是，在這種詞義上所理解的『自然』依據我們感官的主要區別而有兩大部分，一部份包括『外部』感官的對象，另一部份包括『內部』感官的對象，……。」外部感官的對象即是指作爲「質料」意義上的一切現象的總和；而內部感官的對象是指「形式」意義上的事物內在本性或「第一原則」。引文見康德著、鄭小芒譯，《自然科學的形而上學基礎》（北京：三聯書店，1988年），頁1～2。

〔註3〕 關於註解《老子》的立場分述如下：一、救世書：魏源《老子本義》中的〈論老子〉曰：「而老子救世也。」二、政術書：如近人張舜徽先生所言：「自漢以上學者，悉知『道德』二字爲主術，爲君道，是以凡習帝王之術者，則謂之修道德。……《史記》稱老子著書上下篇，言道德之意五千言而去。所謂言道德之意者，猶云述人君南面之術耳。」引文見《周秦道論發微》（台北：木鐸出版社，民國72年），頁32。三.兵書：如唐代王眞認爲：「夫深衷微旨，未嘗有一章不屬意於兵也。」引文轉引自熊鐵基、馬良懷、劉韶軍著，《中國老學史》（福建：人民出版社，1997年），頁278。四.養生書：如胡興榮先生評《老子河上公章句》：「河上公注老的義理結構，基本上是一個養生哲學的『人體宇宙學』的理論建構。」引文見《老子四家注研究》（南寧：廣西教育出版社，2000年），頁118。

〔註4〕 其論證的方式可參閱陳鼓應著，《老莊新論》（九龍：中華書局有限公司，1991

造成的可能情況太多，所以本文並不處理這樣的問題。正因存在著這樣的難解之謎，因而本文採取一種開放性的態度，即「眞理的相對論觀點」，容許各種看法的存在，兼取其合理之處。

　　在「道」的理解上亦復如是。回到人的認識狀態去理解，將「道」理解成在不同的個別語境（認識狀態）下，道呈現出不同之情態，人就會賦予它各種不同的意義（術），此即《莊子·天下》所言「道術將爲天下裂」的緣故。相同的是，不同意義的「道」，在認識上的原初狀態卻同爲一種「呈現性的活動」，這是就定義之初所能掌有的「最整全」狀態而言。最整全的狀態當然不能「命名」，因爲一有命名或定義的活動產生，便失去了道「動態性」的活動呈現，於是在概念上失之爲僵化、片段。「無名」的思想表現在「吾不知其名，字之曰道，強爲之名曰大。大曰逝，逝曰遠，遠曰反。」（二十五章）有人以爲，其中「逝、遠、反」表示語義「不陷入任何特殊的內容」，即「逝、遠、反」是一變動的歷程，不定於一殊名，因而對於「道」的理解，可以「保持開放」。〔註 5〕又由於爲了將道免於概念上的僵化、片段或定於一名，於是才有「恍兮惚兮」（二十一章）、「夷、希、微」（十四章）這些令人難以掌握的模糊語言出現。所以道作爲整全呈現性活動的「一」（十四章），必須直接面對道的展現活動，不經由任何名相概念，亦即使用「直覺」掌握，這點稍後再述。

（二）實體概念的反省

1. 李約瑟先生的觀點

　　由於道被認爲具有事物本原性的意義，作爲最終極的實在（reality），因而易於被理解爲「實體概念」（substance）。〔註 6〕相異於此，筆者從古人「重

　　　年），頁 50～67。與錢穆著，《莊老通辨》（台北：東大圖書股份有限公司，民
　　　國 80 年），頁 301～328。

〔註 5〕參閱（法）弗朗索瓦·于連著、杜小眞譯，《迂迴與進入》（北京：三聯書店，
　　　1998 年 2 月），頁 297。又同頁他說：「『逝』使我們脫離『大』可能包含的僵
　　　化、特殊的東西，它終止了意義的個體化歷程。」

〔註 6〕「實體」這個概念有「一切現象存在的根據（ground）」、「獨立而自足存在」、
　　　「眞實的（real）」、「事物的本質（essence）」、「事物的質料（matter）」等意義。
　　　參看 Angeles, P.A., *Dictionary of Philosophy*, (New York： Harper Collins
　　　Publishers, 1981),p.278.因而乍看之下，與《老子》所述的「道生之」（五十一
　　　章）、「道之爲物」（二十一章）、「獨立不改」（二十五章）等思想頗爲相似。
　　　所以部分學者將「道」理解成「物質實體」。可參見黃燦章著，〈老子"道"

現象而輕本體」的思維方式與《老子》字義其他可能的解釋兩方面以茲說明。

李約瑟先生的觀點不同於大多數學者將「道」解釋爲「形而上的絕對或本體」，而主張「重現象而輕本體」的觀點。因爲李約瑟先生說：「我們相信中國人的心靈自古以來就不感覺有研究形而上的需要；他們覺得只要了解形而下的自然（就形而下的自然窮究其最高境界）就夠了。中國人根本懶得將一與多數，『精神』與『物質』分開。以天地萬物爲有生命的機體就是他們千古以來的哲學思想。」〔註7〕他引《莊子》與《列子》來證明這一觀點。例如少知曰：「四方之內，六合之裏，萬物之所生惡起?」大公調曰：「陰陽相照相蓋相治，四時相代相生相殺，欲惡去就於是橋起，雌雄片合於是庸有。安危相易，禍福相生，緩急相摩，聚散以成。此名實之可紀，精微之可志也。隨序之相理，橋運之相使，窮則反，終則始。此物之所有，言之所盡，知之所至，極物而已。覩道之人，不隨其所廢，不原其所起，此議之所止。」（《莊子・則陽》）這段話說明了「萬物從何處所生？」這樣的問題應該僅止於「物之所有，言之所盡，知之所至」如此所能理解現象的範圍，根本不必「原其所起」，相反地，「議之所止」也該止於四方、六合之內的現象。所以李約瑟先生說：「同時在上面莊子的一段話中，我們又可以發現中國人特別對形而上抽象的思辨不感興趣；萬物之由來終始是難測難識的道的祕密，人何足以知之？人類能夠做到的，只不過研究描述其現象而已，……。」〔註8〕再者另一明證如下。子列子聞而笑曰：「言天地壞者亦謬，言天地不壞者亦謬；壞與不壞，吾所不能知也。雖然，彼一也，此一也；故生不知死，死不知生；來不知去，去不知來；壞與不壞，吾何容心哉？」（《列子・天瑞》）這一則話語是關於「杞人憂天」的典故，說明天地、生死的終始問題根本無從得知，也不必理會。或者正如《莊子・齊物論》所言的「六合之外存而不論」亦是明證。因此，道家的立場如果眞如李約瑟先生所言的立場，「道是實體概念」這種形上學主張，即便須要有所修正。

以上說明「重現象而輕本體」的觀點，必然引起《老子》形而上學研究者的非議。也許持反對者的立場，集中強調先秦以至兩漢諸多文獻的本體論

的物質屬性及運行法則〉（《安慶師院社會科學學報》，1998 年增刊），頁 37～40。

〔註7〕引文見其著，《中國之科學與文明（二）》（台北：台灣商務印書館，民國 74 年），頁 55。

〔註8〕同上註，頁 60。

與宇宙論的線索，例如《老子》二十五章、帛書《道原》與《淮南子‧原道訓》對道的描述，似乎即認定其「絕對」(The Absolute)的狀態描述。若順此理解，文本「重視本體」是必然的結論。如果各位讀者認為李約瑟先生的觀點論證的涵蓋面不廣，或者接受上述其他文獻的形上學立場，面對這些質疑筆者嘗試從不同的文字理解進路入手，重新提出另一些值得討論的觀點。

　　例如，目前學界已形成一種關於《老子》涉及宇宙論的定論。即認為「無名天地之始，有名萬物之母。」〔註9〕眾多學者常常將這段文字理解成「無，名天地之始；有，名萬物之母。」這種理解方式涉及兩方面的問題。一方面是「有、無」存在問題的本體論研究，另一方面是上述學界認定的宇宙發生論，即宇宙的「初始」狀態描述。值得重新正視的一個問題是：在開放性意義下，這樣的理解是唯一的解釋嗎？似乎允許其他可能的解釋方式存在。首先，關於無名、有名的概念論觀點，亦可成立。因為《老子》顯然有「道常『無名』，樸雖小，天下莫能臣也。」（三十二章）與「吾將鎮之以『無名』之樸」（三十七章）這樣的「無名」論。如此理解，並不須要放入本體論或宇宙論的研究範圍。再者，「始」、「母」這兩個字，容易產生關於天地萬物所從出之時間的在先性以及「創生」萬物的理解，進而歸結出宇宙發生論或宇宙創生論。〔註10〕相應與此，我們也可以有不同的理解面向。

2. 初始問題

　　「始」字，《說文》釋曰：「女之初也。」段玉裁注曰：「《釋詁》曰：『初，始也。』此與為互訓。初、裁皆衣之始也。」而《說文》釋「女」字曰：「婦人也。」可見「始」與「初」、「裁」有關，原意即「婦女剪裁衣料制衣」的意思。從婦女制衣的形象思維可配合「天地之始」來看，其實「無」的狀態好比未製成衣服之前的衣料，只是一「質料」的概念，而天地萬物形成之後就好比衣服製成的樣子。這說明了質料的概念只是我們理性所能認知的「極

〔註9〕　這裡存在著一些不同的解釋系統，導致文本的句讀之差異。例如持本體論（有、無概念）觀點之句讀方式：「無，名天地之始；有，名萬物之母。」而持概念論（有名、無名）者，則認為應是：「無名，天地之始；有名，萬物之母。」本文中於此，不作任何句讀，目的是提供讀者有一開放性的思考。

〔註10〕　宇宙發生論強調宇宙起源的合理說明，如天文學上的宇宙爆炸說。創生論（creationism）則著重在西方神學強調的「上帝創生萬物」的意義，即上帝超自然（supernatural）的力量，可從無中生有創造萬物。參看 Angeles, P.A., *Dictionary of Philosophy*, (New York： Harper Collins Publishers, 1981),p.51.

限」狀態描述，意即我們理性認知的起點，在這起點之前則無從得知，因而不必追問。更何況《老子》根本不能確定「道」的來歷，因爲「吾不知誰之子，象帝之先。」（四章）既然不能確定道的來歷，我們就不能斷然認爲「道是宇宙在時間上發生的最先點」。所以「始」字的理解，只能是指「論理的」在後性或認識的起點而非宇宙發生論討論的「時間的」在先性。〔註11〕又《爾雅》曰：「初、……、胎……、權輿，始也。」《邢疏》曰：「《說文》云："胚，婦孕一月也。胎，婦孕三月也。"然則尚未成形而爲形之始，故曰"胚胎未成，亦物之始"，物則形也。」〔註12〕如上所言，「形之始」、「物之始」皆指尚未成形或胚胎未成的樣態。然而這個「樣態」，絕非一無所指，反而是指一些可清楚呈現的細胞組織，只是未「成形」而可以辨識的「物」。

因此，「無」的狀態亦有所指，可說是「現象的開端」與形成物之後的「有」皆可認知，換言之，中國人常用的「終始」二字，都僅止於在「現象範圍」的認識，並無從現象推度「本體」的意思。再者，若以「無」作爲道之屬性，並無事物存在的根據或本質的「實體」意義，而僅僅是一「境界形態」之描述。〔註13〕同理，帛書《道原》所載的：「恒無之初，迴同大虛。……濕濕夢夢，未有明晦。」與《淮南子・原道訓》：「夫道者，……沖而徐盈，混混滑滑，濁而徐清。」或《淮南子・天文訓》：「道始於虛霩，……。」這些關於「道」的「初始」狀態描述，也可理解爲在現象範圍的認識，不一定只能理解爲西方哲學所說的對立於現象的「絕對」概念。〔註14〕

〔註11〕 在先性可分爲「時間的」、「論理的」（即 logical）與「注意的」三種在先性。可參閱柴熙著，《認識論》（台北：台灣商務印書館，民國 80 年），頁 45。所以，「無」是邏輯的在後性，因爲人類先肯定萬物的存在（有），再以此存在當作前提推斷出渾沌不明的狀態（無），而非宇宙在時間上最先的起點。前者出於假說，而後者實乃一超越的肯定。

〔註12〕 引文見李學勤主編，《十三經注疏・爾雅注疏》（北京：北京大學出版社，1999年），頁 8。

〔註13〕 蒙培元先生認爲：「綜觀《老子》全書，並沒有西方式的實體論思想，而是一種有機論的境界形態的哲學思想。」引文見〈"道"的境界 —— 老子哲學的深層意蘊 〉（收錄在《中國社會科學》，北京，1996 年第一期），頁 115～124。

〔註14〕 又如 A.C.Graham 說：「存在著一種與西方傳統不同的重大差異，即不會有中國思想家認爲類似於"存有"（Being）或"實在"（Reality）的"絕對"（the One）與"常"（constant）隱藏在現象之後。這是古典的中文所固有的特性，就如存在措辭的"有"與"無"僅僅被使用在如同"實"與"虛"這樣的具體事物上。」這說明了中國的本體論思想並不會超出現象

3. 「母」與「生」

此外，「母」字也易使人產生西方實體的概念。因為母與子的關係，歷來的注釋者，強調其「產生」的意義，因而有母這個「個體」產生子的個體意義。例如，「道生之」（五十一章），與「天下萬物生於有，有生於無。」（四十章）……等「生」的解釋，都被理解為「產生」或「創生」。這樣的理解，著重在「無中生有」的超越論思路，因而將「道」又陷入了形而上的本體論域。

「母」依《說文》的解釋：「象裹子形，一曰象乳子也。」意思是母抱子於懷中，或是母餵乳於子。所以，強調的意象是母子「共在」、「共存」的關係呈現，並非「無中生有」的「產生」意義。筆者認為，長久以來關於道與萬物存在關係的爭論，關鍵就在於「生」字的解釋導致的認知差距。順著「重現象」的思路前進，「創生」意義的道並不能成立，因為並不存在一個獨立於萬物之外而存在的最終實體或本體，道只是藉現象而呈現的存有活動。再者，「生」較恰當的解釋，應是「呈現」或「發現」的意思。依《說文》的解釋：「象艸木生出土上。」這是按其字的象形意義而言，意思是草木從土裏「冒出來」的樣子。可見，「生」的本義是指人所能認識草木的最初樣態。草木之「生」對於人而言，只是一已「呈現」的樣態，而後引申為「存活」或「生存」的意思。人掌握了這個樣態，同時也「發現」了草木「生」的事實。因此，配合道的呈現性活動觀之，「道生之」（五十一章）、「有無相生」（二章）等章的「生」字理解，都可理解為萬物依道而呈現或有、無藉著彼此相現。因此，從「生」字的呈現性意義，無疑提供了對於「道」的理解，符合筆者前述的存有現象之展現的「自然」觀點。

（三）道的性質

道有「超越」與「內在」兩種性質。例如，就超越感官而言：「視之不見，名曰夷。聽之不聞，名曰希。搏之不得，名曰微。」（十四章）就超越天地萬物而言：「……獨立而不改，周行而不殆，……。」（二十五章）就內在萬物而言：「大道泛兮，其可左右。」（三十四章）以上所用的「內在與超越」概念，筆者認為是一種「常識上」的看法，並不是嚴格的哲學用法。因為這種常識上的看法似乎認為道是既存的「事實」，它「內在」於萬物而發揮作用。

而論。引文見其著，*Disputers of the Tao： philosophical argument In ancient China*,(La Salle,Illinois： Open Court Publishing Company ,1989),p.222.

而將道視爲終極實體的觀點，突顯其獨立於萬物以及並非內在的經驗內容，於是產生「超越」（transcendental）的概念。

　　不同於上述所言的常識觀點，回歸哲學上的分析，「事實上，超越乃是相反『內在』（immanens；immanent）的意思。『內在』是指在一定的事物範圍內而言，而『超越』，則指這範圍以外的東西。可是我們不應不注意的一點便是，『內在』與『超越』二名詞，在哲學的術語這方面來說，絕不表示空間的關係或地方的意思。內在，也斷不是指『在腦海裏』或『在心裏』等而言，『超越』也不是指『在心神外邊的』或『不在我身體裏面的』意義。……接觸對象的方法對於意識的事物是一個直接的理會，我們稱它們爲內在的，即它們屬於這一定的範圍。對超越事物因爲有另一種認識方法所以屬於另一個範圍。」〔註15〕由此說明可知，常識上所說的內在與超越概念，通常指「空間的關係或地方」；而哲學上的意義是指依意識與超意識的認識方式而區分，與常識上是否在某物內或超出某物外無關。再者，依此哲學上的意義而理解，我們可斷言「既內在又超越」的觀點不能成立。因爲對於「道」的認識方式，只能是內在的或超越的方式，兩者是相反的概念，在認識上不可能同時成立。更何況導致一般常識上「超越」的看法，完全是因爲將「道」理解爲實體的獨立自存意義之故。其實，若依以下「道術合一」的看法，道非實存的觀點似乎也可成立。

　　「超越」與「內在」的對立，根源於西方上帝創造世界、獨立於世界之外的神學傳統。每位哲學家不論在本體論或是認識論上，對於超越與內在概念的區分並不盡相同。〔註16〕雖然，中國思想的天道觀，也有類似於西方「自然法則」（logos）的觀念，但是在超越或內在的思路上根本不同。因爲中國的天道觀，來自於天象、氣象經驗的觀察，在認識上是「內在論」的思路，不同於西方神學傳統，將自然律超絕於存在世界可觀察的範圍，賦予上帝主導、宰制世界的超越意義。筆者並非反對比較研究，而是認爲：「不規範地、隨意地使用超越的概念來表述中國的感悟方式，多半會導致嚴重的混亂，因爲這樣做，就允許不加鑒別地將比較嚴格的意義上的超越，引進到人們的論述中來。」〔註17〕因此，常識上的超越與內在的概念，容易引起對於西方哲學上

〔註15〕引文見柴熙著，《認識論》（台北：台灣商務印書館，民國80年），頁210。

〔註16〕參閱（美）郝大維、安樂哲著，施忠連譯，《漢哲學思維的文化探源》（南京：江蘇人民出版社，1999年），頁194～196。

〔註17〕引文見上註，194頁。此外，中國思想在此問題上，表現出「內在論」的觀點，可參閱郝大維、安樂哲著，蔣弋爲、李志林譯，《孔子哲學思維》（南京：江

已有的嚴格定義混淆不清，造成以名亂實的結果。

二、道在理論上的意義

（一）再論「道術合一」──道的存有意義與理論思辨的最高範疇

　　從「道術合一」〔註18〕來看，「道是呈現性的活動」，所以道具有存有意義。因而道必藉天道與人事才能具體地表現出來。所以《莊子・在宥》曰：「何謂道？有天道，有人道。無為而尊者，天道也；有為而累者，人道也。主者，天道也；臣者，人道也。天道之與人道也，相去遠矣，不可不察也。」凡此所說，道是從天道與人道抽離而成的普遍概念，〔註19〕道具體表現在天道與人道兩方面，《老子》亦是作此理解，所以才有：「天之道，利而不害；聖人之道，為而不爭。」（八十一章）這些關於天道與人道的描述。並且闡述關於「道」的線索，以供後人掌握、認識。所須注意的是，人事與人道在相通的意義上都是「術」，亦即提供人們行為規範的一些理想原則。所以《老子》在相當多的篇幅提及「道」落實在人世的種種「人道」，例如：「古之善為道者，非以明民，將以愚之。」（六十五章）或曰：「以道佐人主者，不以兵強天下，其事好還。」（三十章）這些歷來被視為「政術」的主張都是人道的表現。不過，這裡所說的「人道」指聖人之道或善道，而不是《老子》所用的「人之道則不然，損不足以奉有餘」（七十七章）此話中的「人之道」。因為《老子》中的「人之道」用法，常常與「天之道」對舉，具有負面的意義。

　　由上列分析可知，儘管「道」是一極其抽象的存在概念，但是它以動態

蘇人民出版社，1996年），頁5～9。

〔註18〕「道術合一」的思路是一種認識論的觀點，筆者已在前言中略有說明。再則劉文典釋《淮南子・主術訓》說：「主，君也。術，道也。君之宰國統御臣下，五帝三王以來，無不用道而興，故曰『主術』也，因以題名。」引文參見其著，《淮南鴻烈集解》（北京：中華書局，1997年），頁269。所以，道術合一是指用道而興的術，如此，「指導原則」（道）可與「實踐或可操作的行為」（術）緊密結合。

〔註19〕道具有普遍性的意義，是因為借用了道在天道、地道的用法中，作為法則和規律的普遍性意義，「然而這一借用，卻把具有普遍性的道從具體的天地中抽象了出來，把它當作了獨立存在於天地之前的東西。」可見，道非實存的實體，而是具體觀念抽象後的產物。引文見王德有著，《道旨論》（濟南：齊魯書社，1987年），頁32。

的活動運乎可清楚掌握的天道與人道，即道術合一的認識觀點。換言之，關於《老子》的「道」意涵，除了透過一些模糊的文字表述（玄、幽……）之外，最直接的瞭解便是透過「術」的理解。因此，在這層理解意義下，「道」實際上似乎並無存在的必要，意即「道與萬物的『迴同爲一』相互會合，原本即不離天地萬物，不必另建立一個超越的道，但在理論思辨與言語的區分上，爲提出一個思辨的最高範疇，而『反索之無形』，也不得不在語言上假立一名，……。」〔註20〕簡言之，就認識的內容而言，只是「術」而已，不用假立「道」的概念。因而「道」只是《老子》建構理論時的設計產物，〔註21〕依托此一理想「典範」，在天曰天道，在人曰人道或聖人之道。再者，道既然是理想典範，就可充當評判人事「標準」的倫理原則，正如所謂「物壯則老，是謂不道，不道早已。」（三十章）在這個意義上，道在理論上的意義又可成爲評價性的「判準」。

（二）倫理的原理

前面已提及，道是萬物存有活動的展現，當人們與它遭遇時，於是發生認識的問題，就不同的情境下的道，發起名言的判定，因而有不同的「術」產生。在哲學的思辨過程中，我們因應一個具有普遍性意義的「道」，而起個別不同術的哲學分析，於是形成各種「倫理的原理」〔註22〕作爲行爲的最高規範，即前述的「典範」概念。換言之，「"道"有"生活準則"的意義，而

〔註20〕引文見孫長祥著，〈帛書《道原》與《淮南子·原道》思想的比較〉（收錄在第一屆簡帛學術討論會論文集，台北，民國88年12月10～12日），頁9。

〔註21〕亦有學者主張道是虛構的概念。例如：「道在本質上是虛空的，是純粹想像中的一種"存在"，一種境界，而不是指某種實體。」參見丁原明著，《黃老學論綱》（濟南：山東大學出版社，2000年），頁143。此外，《老子》所說的「象」（意想）充分表現出這種理論上虛構的特性。象，可依《韓非子·解老》的解釋：「人希見生象，而得死象之骨，案其圖以想其生也。故諸人之所以『意想』者，皆謂之象也。今道雖不可得聞見，聖人執其見功以處其形。故曰：無狀之狀，無物之象。」

〔註22〕道常常被視爲宇宙的最高「原理」（Principium; Principle）。然而原理不外是「基本規則的別稱」，可分爲與思想判斷有關的「論理原理」、與實體界之根源有關的「實體原理」以及與規範行爲的準則有關的「倫理原理」。以上三種原理的區分可參見柴熙著，《認識論》（台北：台灣商務印書館，民國80年），頁316～317。筆者認爲《老子》的道論在理論上的意義，應該屬於「倫理原理」。

且這也是《老子》中的主要內容，數量最大。」〔註23〕例如：「企者不立，跨者不行，自見者不明，自是者不彰，自伐者無功，自矜者不長。其在道也，曰餘食贅行。物或惡之，故有道者不處。」（二十四章）其中「有道者不處」即意在表明行為的「應當性」，這是一種「規範化」（normative）的思想，目的在於指導如何選擇合乎理想標準的行為。可見「道」的概念，建立在一個「價值認定」的基礎上，一個《老子》認定的中心價值上。〔註24〕然而價值哲學與倫理學研究的對象，即是與人行為有關的「術」。因此，在道術合一的觀點下，「道」在理論上實已兼具倫理學與價值哲學所研究的原理意義。而且《老子》富有「規範性」意義的語言，顯示中國哲學注重行為（術）與信念（道）關係的問題，再一次突顯重視現象更甚於探索超越性實體的觀點。

（三）道並沒有取代天的地位〔註25〕

從各章對於道的妙用描述，或二十五章所述的「天法道」來看，似乎「道」在《老子》中的地位比「天」更高，甚至取代了天的地位。面臨這個意見，可從兩方面回應。首先，如前之所述，道不是一個獨立的實體，所以天所法的對象「道」，並非與天一樣具有實體意義，其獨存性、先在性是來自於思辨的抽象作用而成為原理或規律。因此說道取代天，猶如說某一原理取代了某一實體，如此並無認知上的合理性，再者，最基本的問題應回到道術合一的觀點下討論，因為「論道不離理事」，道還須藉天之道而呈現。所以「天法道」的「道」所指的即是「天之道」，或說天法其自身的自然原則，既然如此道不能離天而獨存，因而道並沒有取代天的載體性地位。而所謂的「道大、天大、地大、王亦大」（二十五章），只是說明作為原理、原則的道，與天、地、王

〔註23〕引文見熊鐵基、馬良懷、劉韶軍著，《中國老學史》（福州：福建人民出版社，1997年），頁32。

〔註24〕「規範化」思想隱含「應當」的概念以及建立在「價值認定」的基礎上。可參閱埃德蒙德·胡塞爾(Edmund Husserl)著、倪梁康譯，《邏輯研究第一卷》（上海：譯文出版社，1999年），頁33～39。此外，《老子》甚至其他中國古代的語言，其具有「規範功能」的特性，也被認為是中西方傳統之間的一個主要的差別。詳見陳漢生（Chad Hansen）著，周云之、張清宇、崔清田等譯，《中國古代的語言和邏輯》（北京：社會科學文獻出版社，1998年），頁74～76。

〔註25〕李杜先生認為：「老子用『道』一概念到自然的天地萬物中去，主要即循此以自然說天的方向上說，他亦由一切自然的表現說道，而不是以道代替原來神性義的天帝。」引文見《中西哲學思想中的天道與上帝》（臺北：聯經，民國80年），頁131。

同樣值得重視，道亦無取代天或高於天的意思。而且《老子》將天之道、聖人之道與人之道屢屢對舉，如「天之道，損有餘而補不足；人之道則不然，損不足以奉有餘。」（七十七章）似乎有意標榜天的典範地位，而不見道取代天的描述出現，可見道仍待天這個動作的主體運行才能形成。

三、認識道的方式

在討論如何認識道之前，有必要區分一些問題。即思索「道如何存在？」這樣的問題，因爲關係到「如何去認識道」的方式。若採取「道是理論上設計、虛構的存在依術而呈現」這種觀點，自然地從《老子》所示的眾術（即倫理的原理）詳加觀察、拼湊，大致上可有一接近於道的概括性認識，這是相對主義的認識觀點。但若採取「道是實存的」這種觀點，一則採取相對主義的認識觀點，一則以「神秘的直覺或體悟的方式」來認識道，但道卻是不可理解的。筆者採取相對主義的認識觀點。或許堅持「道的不可認識」觀點的主張者可能提問，如何回應他們所理解的「視之不見，名曰夷。聽之不聞，名曰希。搏之不得，名曰微。」（十四章）此一篇章。筆者認爲以「理論思辨的最高範疇」的假名而言，既然是最高範疇，就如存有範疇（Being）一樣，擁有外延最廣而毫無內涵的特性，自然地視之不見、聽之不聞、搏之不得。因爲感官認識的只能是部分、個別的術，而非整體、普遍、動態的道。而受限於人類官能的限制，整體的認識固然無法一時掌握，但藉由眾術的「形象思維」與「直覺思維」〔註26〕的認識，方可逐漸接近整體性的道。另外一種回應，若將道歸結爲一些認識判斷的最終原理，因爲原理是由理性認識而來，當然與感官認識大不相同，更別說單憑感官認識就能掌握道。更何況主張《老子》爲君王南面之術的觀點，只會將十四章認爲是過份的「誇大」之詞，以突顯道的「作用和價值」而已。〔註27〕以下筆者依道的具體存有活動與抽象倫理原則兩種意義，分述其相應的認識方式。

〔註26〕參見李埻尚著，〈老子哲學的形象思維、直覺思維和模糊思維〉（收在《延安大學學報》：社科版第一期，1992 年），頁 21～27。形象思維與直覺思維皆不必借助概念、判斷和推理來把握對象，而是直接面對對象的呈現性活動。兩者不同點在於，形象思維依賴知覺的攝受，是片面的形象；而直覺思維具有全體性、猜測性、突發性，不必非得依賴知覺經驗而有。而模糊思維，是指一些令人難以精確把握的認識內容。

〔註27〕見張舜徽著，《周秦道論發微》（台北：木鐸出版社，民國 72 年），頁 18。

（一）存有活動的認識方式——直覺

道是存有的活動，此一存有活動是「整全的」、「動態的」展現。基於這兩個特徵，不難發現，為了避免道的意義掌握流於僵化、片段，語言上的「無名論」必然隨之而起。而無名論立基於「模糊思維」，這表示「推理認識」的方式之排除，如此一來，排除神秘體驗的直覺認識，只剩下另一種屬於「知覺思維」的直覺認識。〔註28〕一般而言，直覺是指直接的面對知覺對象而不藉助任何推理過程的「理解力」。這種理解力人人皆有，當然拒斥神秘直覺的認識方式。筆者採用相對主義的觀點，實已表明關於道的「絕對」完整認識的不可能，只能趨近於道，因為「道之出口，淡乎其無味，視之不足見，聽之不足聞，用之不足既。」（三十五章）在此，直覺的認識是基於想要對外在的存有活動有一較整全的認識。其認識的開始，是以「形象」呈現的道術作為認識的內容，直接面對道術的展現。所以二十三章才說：「故從事於道者，道者同於道，德者同於德，失者同於失。」意思是從事於道的人，就會「與道同體」（王弼注），〔註29〕與道同體是說從事於道的人必直接認識道，與道同處於一直覺的情境中，這樣方可認識道，而非與道的情境割離，單憑推理就可認識。而要與道同體的先決條件，就是在心態上要達到「致虛極，守靜篤」（十六章）的狀態。

（二）原理、原則的認識方式——內省

內省的認識方式表現在「不出戶，知天下。不窺牖，見天道。其出彌遠，其知彌少。是以聖人不行而知，不見而名，不為而成。」（四十七章）魏源《老子本義》引呂惠卿之言曰：「得其所以然者，則不出戶窺牖而知見之矣。如必待出而後知之，則足力、目力所及幾何？」這段話說明了道可透過內省而得的「所以然」原理來認識，並不須要不斷的向外探求知識就能「執古之道，以御今之有！」（十四章）但是內省並非冥想，而是以前述直覺認識的道作為認識的基本內容。即內省可從已知的直覺認識，再一次取用成為原則性知識。由此可知，《老子》並不反對關於古今都適用的原則性知識，而是不贊成耗費

〔註28〕知覺思維有兩種，「直覺的認識」和「推理的認識」。參閱魯道夫·阿恩海姆著、滕守堯譯，《視覺思維——審美直覺心理學》（成都：四川人民出版社，1998年），頁311。

〔註29〕有學者認為：「使自己"同於道"，這是認識道的前提條件。」參見李堆尚著，〈老子哲學的形象思維、直覺思維和模糊思維〉（收在《延安大學學報》：社科版第一期，1992年），頁23～24。

精力專致於外的俗學。這點反映在「絕學無憂」（二十章）與「爲學日益，爲道日損。……故取天下者，常以無事。」（四十八章）的主張。因爲從事於紛亂的俗學只會增加成見，唯有吸收關於「道」的原理知識，才能消彌成見，取得天下。

第二節　天、天地與天道

一、天地與天 —— 自然義與位格義

　　一般將《老子》中心思想視爲自然主義者，往往過於強調其自然屬性，將天地與天的概念混同而爲一純粹自然義的認知對象，卻忽略了仍不免有意志、有位格。《老子》中的天地概念，除了自然義，即表示萬物所處的場所外，天地還有位格屬性（personal）。自然義的天地，例如：「天地之間，其猶橐籥乎。虛而不屈，動而愈出。」（五章）又位格屬性的天地，例如：「希言自然！故飄風不終朝，驟雨不終日。孰爲此者？天地。」（二十三章）可見天地擁有與人相似的位格，具有行爲能力，作爲自然現象（飄風、驟雨）的發動者。同理，天也具有相同的含意，即「自然之天」與「位格之天」之別。前者如：「天、地相合以降甘露，民莫之令而自均。」（三十二章）後者如：「天之所惡，孰知其故？」（七十三章）與「天將救之，以慈衛之。」（六十七章）因爲天若不具位格，只是一自然之天，那麼又如何有類似於人的「好、惡」或「救、衛」之描述？可見，位格之天的含意，實已無法避免。但是在天的概念上，《老子》並未有如上之區分，而是直接無分別的使用「天」字。所以我們在解釋文本上可以同時兼採上述兩種解釋。

　　關於天概念的使用這個問題，單獨出現「天」字時，似乎可兼採二義，但是觸及「天之道」的解釋時，由於攸關「天的自然律則」或「天爲有意志的行爲主體而行之有道」這兩種不同對立理論的完備性、合理性問題，二者必有所取捨，當然，後者的理解直接挑戰老學的自然主義觀點。顯然位格之天的概念，直接衝擊萬物「自然形成」的認知觀點。因爲若單方面採取位格之天的解釋，則萬物存在的自然樣態便是「其實非自然也，有使之然也。」（《春秋繁露・同類相動》）天便成爲自然樣態的背後發動者。筆者認爲在解釋「天之道」時，應嚴格遵循「自然律則」的解釋觀點。理由如下：一、配合第一

章所言「老子的史官視域」。因此，史官執掌天文律曆之事，解釋天道必不離天上日月星辰之位移與地上四時更替之節氣。二、二十五章所說的「周行而不殆」所指的是天文上的「圓道」現象。一、二兩點皆指「自然之天」。而位格之天，似乎無文本上進一步的線索可供參考。總而觀之，自然義的解釋完備性要比位格義高。

二、天道探原

（一）天道與圓道的關聯 —— 以古代天文觀出發

以下的討論核心延續並補充上述所採取的「自然義之天」的觀點。可以判定的是，「天道」的確切意義是指天這個自然的對象所呈現出可供認識的痕跡。以此痕跡作為認識上的基礎，抽象化後即是「自然的法則」。〔註30〕所謂「可供認識的痕跡」，實指天體運行的軌跡。而自然的法則，在認識到天體運行的軌跡後，取其某個寓意於是形成「法則」概念。最直接的天體現象關聯到天道的原初意象——「圓道」，即天體運行的規律。在這方面，有些學者認為《呂氏春秋・圓道》所說的天道，在思想上合於老子的思想。〔註31〕例如《呂氏春秋・圓道》：「天道圓，地道方，聖王法之，所以立上下。何以說天道之圓也？精氣一上一下，圓周復雜，無所稽留，故曰天道圓。何以說地道之方也？萬物殊類殊形，皆有分職，不能相為，故曰地道方。主執圓，臣處方，方圓不易，其國乃昌。日夜一周，圓道也。月躔二十八宿，軫與角屬，圓道也。精行四時，一上一下各與遇，圓道也。」這說明了圓道由天象的觀察而來，包含「日月星辰」〔註32〕的運行活動與聖王法圓道的思想都是古代的天文學知識，據此可補充關

〔註30〕 李約瑟表明：「道家所說的道，不是人類社會所依循的人道，乃是宇宙運行的天道；換言之，即自然的法則。」引文見註7，頁54～55。

〔註31〕 參閱王范之著，《呂氏春秋研究》（呼和浩特：內蒙古大學出版社，1993年），頁203。或陳鼓應先生說：「關於天道的運行，《呂氏春秋》認為是依循終而復始的規律，《大樂》篇說：『天地車輪，終則復始，極則復反。』這種循環論即本於老子（《老子》十六章：『萬物並作，吾以觀復』；二十五章：『大曰逝，逝曰遠，遠曰反』）。」可見我們可以參考《呂氏春秋》的天道觀來說明《老子》的道論。引文見《老莊新論》（九龍：中華書局有限公司，1991年），頁133。

〔註32〕 「日夜一周」與地球繞太陽的運轉週期有關。「月躔二十八宿，軫與角屬」是說：「古人由間接參酌月亮在天空的位置，來推定太陽的位置；由太陽在二十八宿中的位置，便可以知道一年的季節。」引文見陳遵媯著，《中國古代天文學簡史》（台北：木鐸出版社，民國71年），頁82～83。其中「軫」與「角」

於《老子》天道的理解。

　　此外,「圜」《說文》釋爲「天體」。〔註33〕熊十力先生釋曰:「太空之中高處穹窿之形,猶如大圜。」又說:「上古先民並不是把天帝看做超脫形氣而獨在,卻是仰望穹窿大圜,(即將無數的天體都包括在大圜以內。)而承認其爲天、爲神、爲帝。(天、神、帝三名,其實是一。)」〔註34〕以上所述有兩個重點:一、天象即圜的具體內容,有具體的形象可供認識,圜即指大氣層外的日、月等等星體或天空中高而四方垂下(穹窿)的視知覺。二、天概念與觀察到的天象有關,絕非單只出於宗教信仰而欠缺理智思索的神性天,天、帝、神的概念彼此糾結,就如《老子》的天概念,自然義與位格義未分。由此可知,天道即圜道,天道的具體內容就是指圜道所呈現的天體運行狀態而言。而天、帝、神的概念還是以先民的自然認識爲基礎,顯現出其重視理智認識的特色。

（二）古代天文觀的天道與《老子》的相似性關係

　　經由認識上述天道與圜道的關聯,可知「天道」的意義可充分被理解,確有其天體運行的現象可供觀察,即是富有其科學認識的基礎。這樣的背景知識,足以說明《老子》所載的「周行而不殆」(二十五章)與「反者道之動」(四十章)這種天道周行無始無終、循環往復的動態歷程。再者,《老子》欲「以道佐人主」而參照「主執圜」(《呂氏春秋‧圜道》)來看,《老子》之「道」在原初可能賦予的意義上,大致上可涵攝「天道」的意義無誤!

　　另外,天道依據《淮南子‧天文訓》所說:「天道曰圜,地道曰方。方者主幽,圜者主明。」可見,天道還有一項「圜」的意涵。這點也與《老子》中的「知常曰明」(十六章)或「常道」思想十分一致。因爲「圜者主明」,再加上天道具有持續(常)不停周行的特性,實在難以否定老子思想的天文

〔註33〕天體的「體」字,《墨辯‧經上》:「體,分於兼也。」所以,「體」有「部分」的意思。天體即指天的組成部分,泛指日、月諸星體。因而陳遵嬀先生說:「地球本身、地球大氣層外面的物質,叫做天體。太陽、月亮、星星都是天體。」引文見《中國天文學史(第一冊)》(台北:明文書局,民國87年),頁4。

〔註34〕引文見熊十力著,《乾坤衍》(台北:台灣學生,民國76年),頁425、454。

背景。而且，《說文》釋「圜」曰：「圜全也。」圓與圜有關。段注：「圜而全，……員（圓之假借），均也。……渾圜則無不均之處也。」由此可知，圜尚包含「全」與「均」的意思。這點，即與《老子》的「古之所謂曲則全者，豈虛言哉！誠全而歸之。」（二十二章）以及「天、地相合以降甘露，民莫之令而自均。」（三十二章）之思想不謀而合。其他概念如「自然」、「不爭」、「無私」、「無爲」……等等，都可說是「法天道」自然無爲的特性而立論。此特性又可謂「天行有常，不爲堯存，不爲桀亡。」（《荀子·天論》）無可諱言，「《老子》"道"的概念的提出，跟春秋戰國時代人們對天體運行及其規律的觀察與認識是分不開的。」〔註35〕天道大要述及至此，老子的史官視域著實無庸置疑。或許在上述天道觀點的補充下，《老子》文本特別是關於「道」的理解，才有可能得到完備的認識。也唯有這樣的認識，才足以說明《老子》的可理解性，進而破除將天道視爲神秘不可知的觀點。

第三節　物、氣及其與道的關係

一、物與氣的意涵

（一）物——「實物」與「思維的對象」

「中國古代哲學中所謂的"物"，主要指具體的實物而言，亦即個體的實物。」〔註36〕這個對於物的解釋自當不須質疑。《老子》提到的「萬物」與此用法相同，如「萬物歸焉而不爲主，可名爲大。」（三十四章）。一般而言，萬物在老學研究中，最引人注目的是關於其存在層級的問題。進而言之，物與天地或道在存在上的先後問題討論，一直是《老子》自然哲學討論的課題。但物的意義在《老子》思想中並非單指「實物」。尚有另一理論詮釋上的創發義，即「亦泛指一切思維的對象」，〔註37〕如「道之爲物，惟恍惟惚。」（二

〔註35〕引文見蕭兵、葉舒憲著，《老子的文化解讀》（武漢：湖北人民出版社，1996年），頁454。

〔註36〕引文見張岱年著，《中國古典哲學概念範疇要論》（北京：中國社會科學出版社，2000年），頁104～105。

〔註37〕同上註，頁105。筆者認爲依照語意學上的區分，「實物」相當於有「指謂值」；而「思維的對象」亦包含實物在內，指謂值可有可無。有指謂值時就是實物，無指謂值時，便是只有在思想上才能存在的思維對象，「思維的對象」的提出其旨在於說明「道不是實物，而是思維上存在的對象」。

十一章）。這兩者的差異在於，「實物」是指感官所對可直接肯定其實存性；而「思維的對象」乃是專指與道有關的思維對象，不能直接被感官所認識，不過實物當然亦可成為思維的對象，但是思維的對象卻不見得是實物。所需補充的一點，當物是指萬物時，在認識上已經與自我對立，成為一認識上的對象，但廣義而言，人其實亦是物，物的意義並不排斥人。如「百姓皆謂我自然」（十七章）與「（聖人）以輔萬物之自然」（六十四章），可推知萬物亦包含人（百姓）在內。〔註38〕

（二）氣──陰陽之氣與人體之氣〔註39〕

《老子》的自然思想中，關於氣的資料並不多。但是，從文本的線索來看，可歸結出兩點意涵──即「陰陽之氣」與「人體之氣」。嚴格而論，「萬物負陰而抱陽，沖氣以為和。」（四十二章）這是就氣的廣義而言，「氣」是古代自然哲學研究的概念，一切的物質理當含有氣，物之所以得生是因為能夠處在陰陽調和的狀態。在人體上亦當有氣，氣依照中醫的理解是指「體內流動著的精微物質」。〔註40〕五十五章說：「心使氣曰強，物壯則老，謂之不道，不道早已！」這是說心可控制氣的運行而有勢能強弱之別。但勢能太強，容易提前衰老，不合乎道的作法。所以，《老子》的氣已注意到心可影響身體之氣，心志太過有害健康。而且氣既是物質又是能量，因為只有能量才有強弱的可能。同一章說：「終日號而不嗄，和之至也。」這裡的「和」，顯然可與前述的「沖氣以為和」相通，實指陰陽相交的協調狀態。須注意的一點，五十五章的氣概念可分為人體之氣（心使氣）以及與「和」有關的陰陽二氣。從《老子》文本來看，四十二章與五十五章所述的氣，實是一般中醫領域盛行的自然氣化觀點，例如《素問‧六節藏象論》說：「陰陽之化，其於萬物。」

〔註38〕《莊子》亦將人視為物的一部份。例如：「且也若與予也皆物也，奈何哉其相物也？」（〈人間世〉）「若」指「匠石」，「予」指「櫟社樹」。

〔註39〕陰陽之氣與人體之氣都包含在一般氣的概念下，可依錢穆先生的理解。他認為氣的要義有二：一是極微的，二是能動的。氣有兩種形態，一是聚與合，一是散與分。其實氣沒有陰陽之分，只在氣之流動處分陰陽，分而散者為氣之陰，聚而合者為氣之陽。參閱錢穆著，《中國思想通俗講話》（台北：東大，民國79年），頁74。從上述氣的二要義可知，中國的「氣」概念既是物質又是能量。「用現代的科學術語來說，氣具有質能統一性。」引文見林德宏、張相輪著，《東方的智慧──東方自然觀與科學的發展》（江蘇：科學技術出版社，1993年），頁153。

〔註40〕引文見張顯成著，《先秦兩漢醫學用語研究》（成都：巴蜀書社，2000年），頁106。

與《素問‧金匱眞言論》:「夫言人之陰陽,則外爲陽,內爲陰;言人身之陰陽,則背爲陽,腹爲陰。」可見陰陽氣論適用於外界的萬物與人的身體,這種思路實與《老子》互爲一致。

二、物與天地、道的關係

物與天地或道在存在上的先後問題,就《老子》文本來看,十分容易造成誤解。例如二十五章:「有物混成,先天地生。」單單這一段文字,就已涉及物、天地與道的問題。若不詳加考察其中意涵,一方面極易使人誤以爲「萬物」先於「天地」而生,另一方面,忽略了其中的「物」其實是指「道」而言。

(一)物與天地存在的問題

「有物混成」的「物」,如之前的考察,可能指實物或思維的對象。就郭店本所載的「有狀混成」線索,二十五章的物概念並不是代表實物的意思,有可能是形容渾沌不明的「情狀」。而此情狀正是對於道本身狀態的描述,因而物非實物而是將此情狀視爲一「思維上的對象」。因此,若採取這樣的理解,此章根本並不涉及萬物與天地存在先後的問題。

雖然《老子》並沒有直接回答其先後的問題,但是筆者可以嘗試從三方面回答其存在的相關問題。一、「天地若爲萬物藉以產生的產所,則天地在邏輯上必須先於萬物而存在。」二、天地「在功能上亦優於萬物」,〔註41〕從「天地不仁,以萬物爲芻狗」(五章)可證。確實從「人法地」與「地法天」(二十五章)思想,可推知若人是萬物的一部分,必須靠天地所養,則天地比萬物優位。三、在時間上,天地的存在要比萬物長久。例如:「天長地久。天地所以能長且久者,以其不自生,故能長生。」(七章)又曰:「天無以清將恐裂,地無以寧將恐發(廢),……萬物無以生將恐滅。」(三十九章)可見,天地的存在,《老子》直接肯定其長久性,而萬物卻不見其長且久的描述。再者,天、地一旦失去道的妙效(清、寧),尚以裂、廢的樣態存在;而萬物失去道的妙效後,竟然遭致存在的毀滅,因此天地的存在要比萬物長久。綜合以上所述,可知天地確實在存在上比萬物優位。

〔註41〕一、二兩點引文見傅佩榮著,《儒道天論發微》(台北:臺灣學生書局,民國77年),頁217。

（二）物與道的關係

1. 道是萬物生存的必要條件

「道」在老學中的存在層級，處於最尊貴的地位。正如五十一章所曰：「是以萬物莫不尊道而貴德。」或三十四章曰：「萬物恃之而生而不辭，功成而不名有，衣養萬物而不爲主。」萬物不僅以道爲尊，道也是萬物存活的必要條件。凡此總總，似乎肯定道是萬物最基本的生命要素，就如同動物與空氣或水的關係，缺一而不得其生。筆者以爲，回到本文「道術合一」的主張，道是《老子》寄予陳述其典範性標準的思辨範疇，藉道的規範性功能而明其最佳的生存方式（個人的生命與國家的興亡）。在此理解下，道並非萬物自然生命上的養料（如空氣、水），而是一抽象化的生命原則。換言之，若萬物欲獲長生，就須依照《老子》章句所示的原則處世。可是，除了人類以外，萬物的生存方式並無須遵循所謂「道的規範」，而只是依自然本能上的呈現，可見文本中的「恃之」、「衣養」只是強調道的尊位，使用擬人的手法。關鍵在於人有自由意志，會恣意妄作，因而常常不能遵守萬物本能上的自然常道，所以《老子》才援引天道概念，建構了一崇高的「道」，三申五令明言恢復本能上的自然，去除多餘的意向行爲。

2. 道亦是物（思維的對象）

回到自然哲學討論的範圍，道與物最令人困惑的地方表現在：「道之爲物，惟恍惟惚。惚兮恍兮，其中有象；恍兮惚兮，其中有物。」（二十一章）此章的道與物在理論上都有幾種同時並立的觀點，大要如下。首先回歸先前關於道的理論分析。道論目前有兩種，一種是闡述實體的理論，另一種是筆者採取的設計理論。若採取前者，如帛書甲、乙本作「道之物」。「之」，《經傳釋詞》曰：「是也。」即道這個東西。但是，若道是實物，又如何是「惟恍惟惚」呢？可見道非實物而是「思維的對象」，而恍惚的描述，是說道這個思維所對的「東西」，[註42] 這個看法顯然將道與物（東西）視爲同一指涉的對象。另外，若認爲道不是物（實物），他們是獨立而不同指涉的概念，那麼就必須清楚說明道與物的關係。段玉裁《說文解字注》釋「爲」曰：「凡有所變化曰爲。」所以，「道之爲物」即是「道有所變化而成一物」。而「惟恍惟惚」

〔註42〕有些學者，如馮友蘭、任繼愈與陳鼓應三位先生主張道是思維所對的「東西」。可參閱陳鼓應註譯，《老子今註今譯及評介（二次修訂本）》（臺北：臺灣商務，民國 86 年），頁 147～148。

就是指道變化成實物的「過程」狀態。但若遵循此說，下文「恍兮惚兮，其中有物。」的「物」又不可以是實物，因為若是實物，則形象固定，不會有恍兮惚兮這種模糊現象的出現。可見此說並不周全。所以道並不能是實物，而只能是思維的對象。

另外配合筆者的設計理論來看，道是思辨上提出的對象，因而根本不是存在的實物，所以此章的「物」，自然不可能是實物，只能是思維的對象，既然如此，就不會有「變化」成實物的可能。若將「道之為物」釋為「道成為思維上的對象（物）」，理當成立，因為道本來就是思辨上的對象。至於恍惚的描述，前面已有說明。主要的理由是由於為了將道免於概念上的僵化、片段或定於一名，於是才有「恍兮惚兮」，這些令人難以掌握的模糊語言出現。

三、氣與道的關係

此處所討論的道並非一義，可分為兩方面。一是從宇宙本原的道而論，另一則是從倫理的原理而論。就此不同面向的道，亦相應產生不同意義的氣，即上述的陰陽之氣與人體之氣。因此，以下的論述即採取這兩種不同的面向來討論。

（一）道與陰陽

《老子》中氣與道的關係，並不同於《管子》幾乎等同的關係。〔註43〕顯而易見，四十二章的道與陰陽具有不同的意涵。或許曰：「一陰一陽之謂道，繼之者善也，成之者性也。」（《易傳‧繫辭上》）據此生疑，陰陽是否即等同於道呢？其關係如何？回應這些疑問，〈繫辭〉所言是指依循「陰陽之道」，此處的道與《老子》相同，同樣指天道含有陰陽調和的特性，希望人能夠掌有天道之特性，故形成規範性的倫理原理，即據天道以明人事。如此理解，道與陰陽並非完全等同的關係，而是道的變化「顯為一陰一陽，故於此而謂之道。」〔註44〕至於道是否生陰陽，必須探究「一、二、三」可能的意涵。

〔註43〕雖然《管子》並未直言「氣即道」，但是氣與道的相關描述卻同樣使用「其大無外」、「其小（細）無內」來形容。例如，〈內業〉有言：「靈氣在心，一來一逝，其細無內，其大無外。」〈心術上〉又曰：「道在天地之間也，其大無外，其小無內。」可見，氣（靈氣）與道幾乎等同。而「其細無內」，當指氣為微粒的大小。參閱王曉波著，〈氣與古代自然哲學〉（收錄在《哲學與思想》，台北：東大，民國77年），頁12～13。

〔註44〕引文見熊十力著，《讀經示要（上冊）》（台北：明文書局，民國73年），頁22

　　歷來關於「一、二、三」的解釋眾說紛紜，〔註45〕筆者無意堅持己見，而是在本文的觀點下，尋求一貫的解釋與提出一些問題，僅供參考。筆者認為，不必在外延定義上，賦予「一、二、三」實指對象（如天地、陰陽）的解釋，因為一、二、三可能只是「表示道生萬物，愈生愈多之義。」〔註46〕採用這種觀點的理由十分簡單，因為一、二、三若為確定的對象，為何《老子》故弄玄虛？換言之，若一指道，二指天地或陰陽，為何不直言，而以數字相代？可見其中可能有一定的用意。所以從「一生二」來看，「二」並不一定指陰陽，因而產生「道生陰陽」的結論還言之過早。但從道大化流行於天下萬事萬物來看，可以得到「道生陰陽」的結論。依筆者「生」（呈現）之解釋，道與萬物是「共在」的關係，基於宇宙本原的假說，《老子》肯定萬物一個接著一個依據道而呈現或生存，而陰陽調和的狀態亦是道使萬物得生的一種表現。陰陽概念的出現，只是強調道的作用在萬物身上以陰陽為表現，可供侯王掌握、理解，即陰陽是道的一種表現型態。道以陰陽而表現於萬物，即可稱為「道生陰陽」。可呼應「一陰一陽之謂道，繼之者善也。」即期勉君王務需瞭解陰陽之道。

　　依據前述「據天道以明人事」的線索，君王掌握陰陽之道的用意為何？不外乎是讓君（陽）、臣（陰）了解分際，各居其位，各盡其能，君臣搭配得當（陰陽調和）如此百姓才得以生存。〔註47〕依照這種解釋原則，下文「人之所惡，唯孤、寡、不穀，而王公以為稱。故物，或損之而益，或益之而損。」即說明王公知道守本分，能觀察事物陰陽分佈之狀，適時損益調整以致「和」。因此，道與陰陽是一種呈現的關係，《老子》「負陰而抱陽」之說，目的可能是使君王能明握陰陽之道，而並非單純闡述宇宙本原的自然思想而已。

（二）氣強則不道

　　這裡所說的氣，是指周行於人體的精微物質。五十五章說：「心使氣曰強，

────────────────────────

〜23。他還認為：「陰陽者，道體之發用，而道體不即是陰陽。從來誤解者，直謂陰陽即道，而忽視兩字。」可見陰陽並不等同於道，而是道藉陰陽而顯現。

〔註45〕各家注解可參閱陳鼓應註譯，《老子今註今譯及評介（二次修訂本）》（臺北：臺灣商務，民國86年），頁214〜217。

〔註46〕引文見蔣錫昌著，《老子校詁》（臺北：東昇出版事業有限公司，民國69年），頁279。

〔註47〕陰陽之道可應用於君、臣與百姓的關係，古有「以陰喻臣，以陽喻君」的觀念。參見註27，頁113。

物壯則老，謂之不道，不道早已！」這是說心是所有官能之主〔註48〕、意志之表現，氣則屬人體陰陽調和的狀態表現，不可用意志破壞氣的陰陽「協調」（和），一旦這種協調狀態失去平衡，易使生命危險（不道早已）。「心使氣」在中醫理論的解釋，是指喜、怒、憂、思、悲、恐、驚七種情志過度的反應。一般正常的情緒反應，有助於氣血調和、舒緩緊張，進而防禦疾病、保持健康。但一旦情志過度反應，會造成陰陽失調、傷及臟腑。如《素問・陰陽應象大論》說：「暴怒傷陰，暴喜傷陽。厥氣上行，滿脈去行。喜怒不節，寒暑過度，生乃不固。」又《靈樞・百病始生》說：「喜怒不節則傷臟，臟傷則病起於陰也。」〔註49〕可見心理因素可透過氣爲媒介，間接影響身體健康，《老子》將「心使氣」的情形規範爲「不道」。可見道不只是標示自然界「物壯則老」的經驗法則，還可形成人體的保健法則，這裡的道並非宇宙的本體，而只是人們行爲的規範標準而已。

「心使氣曰強」，也許會令人起疑，氣強有何不妥？氣強不是身體健康的表現嗎？五十二章說：「守柔曰強。」顯然「強」的解釋可分爲心的「使氣」以及「守柔」兩部分，而非指外顯的「肌肉強壯」而言。「使氣」過強的結果，會造成陰陽失調是爲人詬病的部分，而「守柔」才是《老子》力倡的部分。因爲守柔可調和剛強之氣是「治心養氣之術」，如《荀子・修身》說：「治心養氣之術：血氣剛強，則柔之以調和。」因此，先秦的養氣說亦當包含《老子》在內，養氣也是道的討論範圍。

第四節　有、無與動、靜

一、有、無

（一）矛盾概念

常識中，有與無是互相排斥的概念，表示某物的存在樣態，既然「有」就不能同時又是「無」。一般而言，常人易將《老子》的有、無概念理解成口

〔註48〕「心」可依《荀子・天論》而理解：「心居中虛，以治五官，夫是之謂天君。」即心是一切官能之主，統合官能形成最後的認識。

〔註49〕以上所述的中醫觀點，可參見傅維康、吳鴻洲著，《黃帝內經導讀》（成都：巴蜀書社，1996 年），頁 54～57。

語上或哲學上「存在」與「不存在」的意思。〔註50〕在前文的「初始問題」
中，筆者已經表明，「無」是一個狀態的描述，無關於西洋哲學使用的「本體」、
「實體」、「實在」（reality）或「絕對」（The absolute）這些超出現象範圍的存
在（being）概念。因此將「無」視爲「不存在」（nonbeing）是不恰當的。正
本清源的作法是將「無」回歸現象的狀態討論。如此看來，「無」並非毫無任
何認識的內容，而是指渾沌未明的樣態。《老子》中的「無」有兩層意義上的
區別：一、指個別物體的中空部分。如十一章：「三十輻共一轂，當其無，有
車之用。」二、指道的初始狀態描述。如一章：「無，名天地之始；有，名萬
物之母。」常識中的有無概念屬第一義；但西方哲學的存在概念卻與第二義
無關，因爲其討論不以現象的範圍來理解。在第一義的理解下，有、無是互
相矛盾的概念，並且可供人們利、用。故曰：「有之以爲利，無之以爲用。」
（十一章）

（二）「有無相生」──心之影響

從「天下有始，以爲天下母。」（五十二章）與「無，名天地之始；有，
名萬物之母。」（一章）可推知，「無」可以轉變成「有」。這種轉變的依據在
於「有無相生」（二章）的觀念，有、無是同時相現並存的概念。〔註51〕簡單
地說，「有、無」是一組對偶的概念，在認識上，我們可從人事上的「有」來
推知天道未始有物時的「無」，〔註52〕或者可以直接從天道的「無」，下落至
人事之「有」，以天道爲人事之本據。顯然《老子》採用後者之思路，所以五
十二章表明「既得其母，以知其子；既知其子，復守其母，沒身不殆。」其
實是將天道與人事視爲母與子共在相現的關係，天道可以轉化應用於人事，
要人君能守天道而知人事，方可沒身不殆。

若單從「有無相生」的立場來看，四十章所說的：「天下萬物生於有，有
生於無。」似乎與之衝突，因爲《老子》只說「有生於無」，而並沒有說「無

〔註50〕「無」，常常有許多學者理解成哲學意義上的「不存在」（nonbeing），即「終
極實在的根據」（ground of reality）。參見 Schwartz, Benjamin Isadore, *The world
of thought in ancient China*,(Cambridge, Massachusetts： Harvard University
press,1985), p.193.

〔註51〕「生」字若不解釋爲兩概念上的「互相呈現」，而依照兩個體生產的關係來看，
無若已生出有，而有又如何同時生無？

〔註52〕除此之外，「無」的特性表現在「虛無無形謂之道」與「天之道，虛其無形，
虛則不屈，無形則無所位迕，故遍流萬物而不變。」（《管子・心術上》）

生於有」，如此而言又如何相生？若以郭店本「生於有，生於無」觀之，萬物藉有與無才得以呈現。看來，有、無在這裡有必要分兩層討論，以解決上述之衝突。第一層即依理性回溯，萬物的「有」，可能始於渾沌一片的「無」，才逐漸形成。然而在另一層有、無的概念認識上，有、無必須藉助彼此的概念內容才可認識，所以說「有無相生」。正如僧肇所言：「夫有也無也，心之影響也。」（《肇論・答劉遺民書》）從哲學的觀點看來，不論哪一層思路，任何關於有、無的說法，都起於人主體心識的作用，特別是「有無相生」的思路，只不過在道家的眼中，「覩無者」似乎略勝一籌。（因爲《莊子・在宥》曰：「覩有者，昔之君子；覩無者，天地之友。」）

二、動、靜

（一）天道的運動與變化

　　動、靜問題涉及物體自身質、量與位置的變動，是自然哲學或科學領域討論的存在樣態課題。關於物體自身質、量的改變稱之爲「變化」，有質變、量變之別；而位置的變動，則稱爲「運動」，其實質意涵便是「位移」。〔註53〕據此理解，中國典籍中有一部份討論上述物體的變化與運動的問題，〔註54〕但先秦文本則側重在以天道的動靜，延伸、應用至君王的治術原則，筆者認爲《老子》思想與此符應。

　　最明顯的一章：「致虛極，守靜篤，萬物並作，吾以觀復。夫物芸芸，各復歸其根。歸根曰靜，是謂復命。復命曰常，知常曰明，不知常，妄作，凶。知常容，容乃公，公乃王，王乃天，天乃道，道乃久，沒身不殆。」（十六章）觀察天道的運動與變化，包含天上的星象（即道的運行）與地上的萬物並作（因爲「地法天」）兩部分。這裡顯然是指地上的自然觀察而言，從地上自然萬物的生、動情形，探以「靜觀其復」的方式，得到「常」的結論，進而可供君王知常、用術以致沒身不殆。後段說明王、公習得前段之天道故可「乃至於同乎天」（王弼注）。需要補充一下，天道運行的特性是動、變，而人主

〔註53〕可參考于海江著，〈關於"運動"範疇的再討論〉（收錄在《社會科學輯刊》，1999 年第一期），頁 21～25。

〔註54〕古籍中討論「變化」問題的有《周易》、《莊子》；而「運動」問題的有僧肇的《物不遷論》、王夫之的《思問錄》。見張岱年著，《中國古典哲學概念範疇要論》（北京：中國社會科學出版社，2000 年），頁 115～119。

法天是利用其靜觀不妄作（不妄動）以制天，即在心識上以靜制動、觀其常而用其道，若君王與天道一樣躁動（「靜爲躁君」、「躁則失君」（二十六章）），又「動」則「不可以觀也」（《管子·心術上》），動必不能「知周乎萬物而道濟天下」（《周易·繫辭上》）。〔註55〕至此，《老子》其旨在於，以人主之靜觀天道之動以爲己用，其動靜並非全指物體之位移與變化，尚包含人主心識之虛靜。而心識之虛靜即是其治術之基礎原則，且再看以下論述。

（二）治術原則

本論題的重點將集中在《老子》與動靜相關的治術部分，一則表明老學虛靜無爲的核心思想實與其天道論密切聯繫，再則呈顯此原則影響所及遍及黃老。必須重申，動靜在先秦的概念多用於「治術原則」，而不側重在自然哲學討論的「運動與變化」。

平心而論，《老子》所述常常是原則性的告誡語，因而沒有鋪陳其理論之背景，天道論即是這種情形，而關於「靜」的人性論基礎亦復如是。不但如此，天道論往往是其人性論之理論來源，此一觀點可從其他文本得到佐證。例如《禮記·樂記》說：「人生而靜，天之性也。感於物而後動，性之欲也。」〔註56〕這是說人上承於天之性，自然生而虛靜，本無造作起僞之欲，後因外之物感才生欲、妄作，於是生害、知、好憎，最終導致天理滅失。所以《淮南子·原道訓》也說：「人生而靜，天之性也。感而後動，性之害也。物至而神應，知之動也。知與物接，而好憎生焉。好憎成形，而知誘於外，不能反己，而天理滅矣！故達於道者，不以人易天，外與物化，而內不失其情。」從以上的看法中，我們可以推知，《老子》的「守靜篤」，在人性基礎上，亦

〔註55〕《說文》釋「靜」爲「審」。《經法·論》曰：「名實不相應則靜（審）。」可見靜與心理活動的審、觀連繫。再者，《說文》曰：「動，作也。」段注曰：「作者，起也。」所以筆者將「並作」視爲天道「動態」的表現。而「觀復」、「知常」是靜觀而得。動、靜與常、變並非絕對互相排斥的概念，而是互相轉化的概念，即可「由變中以知常」。有此一說解釋十六章曰：「"常道"並不是英語中不變化的意思，而是逐漸變化中的連續性，生物在這種連續中繁衍、開花和"歸根"。」見艾蘭、汪濤、范毓周主編，《中國古代思維模式與陰陽五行說探源》（南京：江蘇古籍出版社，1998 年），頁 69。

〔註56〕熊十力先生釋「靜」曰：「此中靜字，不與動對。乃形容性體寂然，無有聲臭，無有昏擾。故說爲靜。非謂其靜止停滯的物事也。此中天者，自然之謂也。」因此，靜在此與位移的「動」無關，靜應作「自然之性」而理解。引文見《讀經示要（上冊）》（台北：明文書局，民國 73 年），頁 91。

應是一種排斥「感物而後動」的欲望，或可說是回返人性原初的自然、不違天理的作法。但另一治術層面上，是爲了積極防堵難以避免偶接於物而生的種種意向性行爲，即有欲、有爲、爭名、奪利、動、作、求學、求知……等種種向外投射的行爲，進而遭致內在人性的迷失。〔註57〕故如《莊子‧庚桑楚》所言：「性之動，謂之僞；爲之僞，謂之失。」

　　至此可將「靜」歸爲兩個治術原則：一、「守靜」方可「觀物以待善時」，伺機令臣下而作。故《呂氏春秋‧審分覽》曰：「靜以待時，時至而應，心暇者勝。……因者，君術也。爲者，臣道也。」可見，靜根本是指君王「因應」無爲之術，目的是待時而令臣動，所以才有「動善時」（八章）之說。動非君動，君只須以虛靜無爲之心態「因」〔註58〕之，臣才須「爲」、動。二、靜是人性之本然。君王順民之性採無爲之術，可使民立於己身自然呈現之民「位」，則爭奪、犯分、亂理之事自然不生，天下歸於大治。總結一、二兩點，不論是「靜觀」或是「順民」，最終的目的還是在於「正位」的政治理想。如「動靜有立（位）」（《經法‧論》）、「位者，謂其所立也。人主立於陰，陰者靜，故曰動則失位。」（《管子‧心術上》）與「不離位曰靜」（《韓非子‧喻老》）。這些引文是說，君王不離其位（即正位），君位既正，政治必然上軌道，則臣、民各得其所，亦得其位，如此則天下大治。故四十五章說：「清靜爲天下正。」另外附帶一提，靜的效果還包含五十七章所言：「我無爲而民自化，我好靜而民自正，我無事而民自富，我無欲而民自樸。」即心態上的「靜」按照〈樂記〉與〈原道訓〉的界說，指謂人的原初自然狀態，確實是導致「無爲」、「無事」、「無欲」的基礎。

〔註57〕《老子》重內、排外之分的觀點，詳見第四章‧第一節。

〔註58〕「因」在道家的典籍中，有「因任自然」之意，如「因其固然」（《莊子‧養生主》）。所謂的「因任自然」具體表現在《呂氏春秋‧貴因》所言的「因人之心」與「因民之欲」，即「因」則順從民性，體察民情。參見陳鼓應著，〈從《呂氏春秋》到《淮南子》論道家在秦漢哲學史上的地位〉（收錄在臺灣大學《文史哲學報》第五十二期，台北：國立臺灣大學文學院，民國 89 年），頁58。

第四章　自然思想的應用——修身與治國

　　討論至此，我們已經可以對《老子》自然思想，不論是字詞的釐清，或者是與自然哲學相關的概念，有一較清楚的認識。但本文不應只停留在純粹概念或理論的澄清，尚須涵蓋《老子》經世致用的部分。行文中，筆者反覆重申先秦學術的最終要旨——「務為治」。但「務為治」不代表脫離理論基礎，這點已充分表現在《老子》對天道論的重視上。道術合一或道術不相離，一直是主導中國思想的基本觀點，不論是政治、藝術、哲學、科技、醫學等等，各個層面皆表現了中國思想獨特的整體性思維。〔註1〕因此，從整體性思維的特色來看，中國思想基本上都是道術並重、協調。而強調「務為治」的觀點，只是提醒後學，切勿流於理論上的空談，忽略依道治國、從事社會改革、實踐的重要性。所以前面第三章代表《老子》基礎理論的部分，應與第四章應用的部分同樣重要。由上述基本的認識，提醒了中國知識份子，讀聖賢書所學何事？並非只是「庶幾無愧」、「好談心性」而已，更應挺身獻言，貢獻所學，造福黎民百姓。所以，本章的提出，一則證明《老子》道術並重而不偏廢於一端，疾陳「割裂道家之天人關係，並誤以為道家不重人道。」〔註2〕《老子》關於修身與治

〔註1〕道術合一的認識觀點，依本文的理解，是據天道以明人事的結果，或可謂「天人合一」。而「天人合一意味著人與自然界的統一或者協調」，道術合一即表現出這種統一或協調。引文見馮禹著，《"天"與"人"——中國歷史上的天人關係》（重慶：重慶出版社，1991年），頁228。宇宙是由人與自然界所構成的整體，而中國的政治、藝術、哲學、科技、醫學莫不包含天人合一的整體思維（可參閱劉長林著，《中國系統思維》，北京：中國社會科學出版社，1997年）。所以中國思想可謂是一整體性的思維。

〔註2〕引文見陳鼓應著，〈從《呂氏春秋》到《淮南子》論道家在秦漢哲學史上的地位〉（收錄在臺灣大學《文史哲學報》第五十二期，台北：國立臺灣大學文學院，民國89年），頁66。

國各章的提出，足以說明道術、天人合一與重視天道應用於人道的思維特點。再者，從修身與治國這兩個應用面的探討，希望能提供另一深層的思考，當然更期望透過這章的表述，能使讀者援以爲用、處世更能游刃有餘。

另外，修身與治國乍看之下，似乎只是老學涉及應用的兩個獨立無關的部分。其實不然，《老子》還認爲治身先於治天下。〔註3〕再且河上公《老子章句》將兩者相提並論，直指「聖人治國與治身同也」（三章注），可見修身與治國並非全然無關，可有優先次序，甚至等同原理的關係。所以此章第一節先論述己身與自然的關係，說明己身屬於天道自然呈現的一部分，再則提出《老子》的貴身論，從貴身的線索，肯定修身先於治國，最後討論身體的自然欲求與其相應而生的主張。第二節表明治術與修身所採取的等同原理。即治國先以修身爲要務，若能掌握修身的原則，方能利用這些自然原則成爲施政的指導方針，以達天下大治。所以不論修身還是治國，都應以天道自然原則爲根本，不過從修身到治國的過程必須有一段養成教育或基本認知，即以君王己身的深度反省爲經世治國的前提。因此不難發現，修身與治國在依循的基本原則上幾乎等同。即無爲、無欲的基本原則，而無爲、無欲的目的即是達到本文所申述的「自然狀態」。

第一節　修　身

一、己身與自然

此章名爲「自然思想的應用」，顧名思義，修身是指自然思想實際應用的層面，而自然思想確切的說，是指第三章的自然存在論思想，包含道、天道、天、氣這些自然存在的對象及其活動。所以修身便是以上這些對象及其活動與人體發生的關連。換言之，即天人合一、天道與人道相參、人法天的類似思想。所以，人與自然的關係表現在修身方面，以天道爲參考典範，人法天之常道，包括陰陽之氣的協調（例如五十五章：「和之至也。」）、無爲、無欲、不爭、不居先（處後）、守內（閉其門）、功遂身退（天之道）等等原則，如此法天之常道後則可「沒身不殆」。

所須留意的一點，「天人合一」或「人法天」的思想，天、人之間好像是

〔註3〕這點在司馬談〈論六家要旨〉中也有提到。可參見同上註，頁57。

獨立的個體，但從取法天道可應用於人身，代表天、人在認識上雖然主客對
立，其實主客的對立並非被絕對化、對象也並沒有被本體化而是人身亦屬天
（自然界）的一部份。再者，天道亦表現於人身，例如：「人之生也柔弱，其
死也堅強。」（七十六章）這是自然的法則，所以可視身體上所見的自然法則
亦為天道。又說：「道生之（萬物）。」（五十一章）萬物包括人在內，人也依
天道而得生。因此，天、人之間實質上並非完全割裂、無關。在存在意義上，
人亦是天的一部份，雖說法天之「常道」，但此常道並非只有天獨佔，而是在
人身上也「無乎不在」（《莊子・天下》）。所以「人法天」不應是法一獨立於
人之外的法則，而是意味著人順自然之本性而修身，只是這裡的「自然之本
性」，依然是天道於人身上所呈現出的樣態。總之，《老子》法天思想，同時
兼顧反省人性之實然，並無強制以天道之權威，威嚇君王就範之意。因為人
（王）與天地位同大，故曰：「域中有四大，而王居其一焉。」（二十五章）
至於人之道須合乎天之道（天人合一）之和諧觀否則「不道早已」，是由於反
省到人秉持天道而有人性之本然，君王或許並未反省到「法天亦合乎人性」，
於是《老子》才直接將天之道與人之道對舉（七十七章），形成規範之勢。並
勉勵君王雖然「天道無親」，但往往「常與善人」（七十九章）。從上述人性與
天道運行的一致性關係，可知己身即是天道自然的呈現。

二、貴身

（一）養身與保身

　　《老子》的自然觀念強調讓萬物順其天性發展，不施以任何外力的介入。
所以在修身方面，一樣遵循自然的原則發展。依順著自然的原則而發展，最
終目的不外是「沒身不殆」。因此《老子》強調「貴身」的思想。貴身具體的
實踐方式，可分為「養身」與「保身」兩方面。養身的部分，《老子》提出「心
使氣曰強」（五十五章）的「養氣說」。[註4] 保身的部分，《老子》提出：「聖
人後其身而身先，外其身而身存。非以其無私邪？故能成其私。」（七章）這
是指心態上不為己身的「去私」思想。另外，「以其生生之厚」與「以其無死
地」（五十章）便是說使人物質生活上不要過於優渥，[註5] 以及心態上排除

〔註4〕 《老子》的養氣說，可見第三章・第三節。或河上公注「心使氣曰強」曰：「心
　　　　當專一和柔，而神氣實內，故形柔。」
〔註5〕 河上公注曰：「所以動之死地者，以其求生活之事太厚，違道忤天，忘行失紀。」

一切危險的可能。這些都是保身的指導原則，重點是這些原則的提示，實際上都表示自然思想的運用。因爲養氣中的「致柔」是陰陽調和的唯一措施，而避免「生生之厚」與「死地」這些都是出於天性之使然。因爲人性之自然，本來就是滿足自身的需求即可，不必過度享受，〔註6〕而趨吉避凶也是人之常情。綜合看來，養身與保身的目的皆在於「攝生」（五十章），又「不道早已」（五十五章）、「無遺身殃，是爲習常」（五十二章）這些養生觀念的提出，主旨是說遵循自然原則，可確保生命的延續，免於招致危難。由養身與保身的思想可知，《老子》十分強調「貴身」的思想。

（二）貴身與治國的同一原理

前述已說明了「貴身順應自然原則」的道理。這裡論述的重點將轉移至「貴身」的認識觀點與治國的同構性關係。即《老子》「先講貴己之身，是要通過認識自己而認識一般人，這是他的治天下理論的一個認識環節。」〔註7〕顯然國家是由百姓所組成，若君王能充分認識己身之自然需求，必能以同理心瞭解百姓之需求。故曰：「故貴以身爲天下，若可寄天下；愛以身爲天下，若可託天下。」（十三章）由此可見貴身的確應比治國優先。然後以己身所處的家、鄉、國視域，將己身之經驗類比於其他的家、鄉、國，最後可得出彼此的「同一性」（指本能上共同的需求）後，可作爲施政的依據。而這個施政的依據，便是滿足各階層的基本共同需求，如此一來可使民各適其位，而無暴亂之事。即在本能需求的範圍內滿足各政治組織（家、鄉、國）的需要，則國家必然大治。故曰：「故以身觀身，以家觀家，以鄉觀鄉，以國觀國。」（五十四章）可見，君王治國的依據，有一先後觀察的次序，其次序是從己身爲起點，然後遍觀家、鄉、國。當然家、鄉、國由最基本的人身所組成，所以特別強調認識己身的重要。

君王對於身處的環境有一通盤的認識後，接著便是在政治上有所作爲，即從「修身」開始。因爲修身與治國，皆強調只要滿足自然的基本需求即可大治。所以兩者運用的等同原理，就是「自然需求」的掌握。換言之，只要能掌握己身及人民的基本需求，進而使其得到滿足，根本就不必立法規範，行有爲之事。

其中「生活之事太厚」即是「物質條件過於優渥」。

〔註6〕此爲身體的「節度」，意爲天道之中止點。與天文上的「二十四節氣」同一原理，故人體的需求與天道皆爲自然思想。

〔註7〕引文見謝陽舉著，〈論老子貴身治天下的思想通于禮的治國論〉（西安，西北大學學報：哲社版，1996年第三期），頁6。

此外，「修身」最簡單的說法，就是君王做好自己分內之事，而分內之事即指不向外「欲求」，因而得以無為、無欲。能做到「無為、無欲」便是「靜」，靜的效果可為天下之表率。所以說：「清靜為天下正。」（四十五章）第三章已經提到，「靜為人性之本然」所以屬於自然思想，因此，修身當以身靜為要務，身靜而後己身正。「己身正」有兩層效果，一方面君王身靜可無為、無欲，則百姓不受其擾，可隨性自然發展，沒有向外妄作之事，則天下太平。另一方面，「政者，正也。子帥以正，孰敢不正？」（《論語·顏淵》）「正」，在政治上可起示範作用導致各階層從而也正。從修身的「靜」以至於治國的「正」，表示修身與治國有一連帶的關係，並且同樣都以人性的自然原則為等同原理。

三、身之欲求

前述討論，大致上可以確立修身與治國皆以「己身認識」為基礎。而修身與治國雖貴為老學自然思想應用的兩部分，但君王治國又以修身為第一要務。因此兩者在理論的發展上，有一蘊涵的關係。考究其以己身認識為基礎的自然思想，基本上的內容還是在於「人性觀察」的結果。《老子》雖然未曾直接界定人性，但「欲」屬於性之內容，所以關於欲的主張，可視為人性論述的一部分。文本強調「嬰兒」、「赤子」，顯見《老子》提倡未加心思而自然表現的狀態。例如，「聖人處無為之事」（二章）、「取天下常以無事」（四十八章），追根究底，其實都可「謂之性」。因為「生必動、動有害，……動有事、事有害，……事必有言，言有害……。」（《經法·道法》），又「故執道者之觀天下也，必審觀事之所始起，審其刑名。」（《經法·論約》）可見，聖人必以「靜」方能觀天下，而靜是人之性，〔註8〕所以必然反對動、事、言這些違反人性自然的活動。以上這些陳述再一次證明，《老子》的核心主張如「無為、無欲、無事、無名（言）」的確可謂回返人性的自然。

在第二章的討論中，「自然」一詞是指「自然呈現」的意思。從上一段老學核心思想以人性自然為基礎的標示，我們不免追問「人性自然」的更深層意義，即人性的「自然呈現」呈現出什麼的問題。從觀「身、家、鄉、國」的結果，就能掌握人性所呈現的實情，進一步分析，人性的實情可分成內在週期性匱乏的欲望，與「感物而後動」的外求欲望兩種。筆者認為上一段指

〔註8〕「靜」與心理活動的「審」、「觀」連繫，同時靜亦是人之性，可參見第三章章末及其註55。

出的「無爲、無欲、無事、無名（言）」這些人性的自然，可再進一步分析。即無事、無名（言），專指杜絕君王任何干擾萬物的「外顯行爲」，皆可統稱曰「無爲」。而「無爲」成立的基礎，即是回歸人性的自然實情。簡言之，即以「無欲」爲基礎。因爲無爲「要求排除"人主"治國大計中的個人目的、"私志"和"嗜欲"，杜絕桀紂之類個人貪得無厭的追求在各國諸侯中的死灰復燃。」〔註9〕"私志"和"嗜欲"即外求欲望，又《墨子‧經上》說：「爲，窮知而縣於欲也。」可推知無欲可排除外求欲望，以達無爲。可見「無爲之道，必自無欲始也。」〔註10〕所以《老子》的一切主張，應當以「無欲」爲立論的基礎，配合「靜」來看，即「無欲」是人性最原初的自然。

以「內在本能需求的欲望」與「外求欲望」參照《老子》「是以聖人爲腹不爲目」（十二章）的主張，我們可得「重內排外」的結論。即《老子》重視滿足內在本能需求的欲望，如滿足「甘其食、美其服、安其居、樂其俗」（八十章）的基本人性需求，而排斥這些基本需求以外的「爲目」（外求欲望）行爲。所以，「無欲」的主張應當有「重內排外」之分，而非反對基本生理需求，換言之，《老子》主張「無欲」，而非「禁欲」。回應其理論的發展以「己身認識」爲基礎，君王能夠深切認識人我之間的同一性需求後，必能以同理心治國，滿足百姓的自然需求，所以杜絕一切超出內在基本需求外的意向性行爲，如將欲望向外投注，形成「有欲、有爲、有事」。而主張「重內排外」的根本理由，還是在於「沒身不殆」的生存目的。即五十二章所言：「塞其兌，閉其門，終身不勤。開其兌，濟其事，終身不救。」

第二節　治　國

一、治術與自然的關聯

治術與自然的關聯表現在「政治與自然一體化」的思想，即一切都應遵循自然。〔註11〕至今爲止，本文所述的自然思想，大致可分爲「天道自然」，

〔註9〕引文見許第虎著，〈老子"無爲"本義探源〉（收錄在《長沙水電師院社會科學學報》，1993年第一期），頁26。

〔註10〕引文見魏源著，《老子本義二卷》（台北：漢京文化事業有限公司，民國69年），頁1。

〔註11〕可參考王國勇著，〈試析《老子》道政治論〉（收錄在《貴州文史叢刊》，貴陽，

這是就自然法則的意義而言；以及依道而生的「萬物自然」，包含人類身體的自然之性在內。不過，按照本文道與天道的相似性關係，我們可勇於推斷所有的自然呈現，皆依天道無所不在而生。連同修身在內，所以萬物自然可包含在天道自然之內。所須注意的是，這裡的「天」不一定指實體意義的天，而是指「自然呈現」〔註12〕的意思。所以常語所說的天性、人性其實同指「自然之性」。總而言之，只要是不受外力干涉可成為經驗的對象而呈現，皆可謂「自然」。而治術本身原指君王在政治上使用的操作方式，皆屬人為介入百姓的生活，在這層意義上不可稱之為「自然」。但君王依自然思想而施無為之術，杜絕外力之擾民，「以輔萬物之自然而不敢為」（六十四章），自當無礙於自然原則的推展。君王在政治上所使用的自然原則前述已經提及，與修身的內在人性基礎等同（無欲）。而修身又來自於掌握「人法天」，因而治術亦本人之天性而「學不學」（六十四章）、「事無事、為無為」（六十三章）。可見修身與治國仍不離天道自然，故為自然思想之應用。

二、治術方面的應用

（一）無為與其他類屬的概念

這裡的重點，論及自然思想在治術方面的應用，所以首要之務，便是說明「無為」與自然思想的關係。根據本文天道自然存在的特性，無為原則可能涉及天文與身體兩方面的自然觀點。第三章提到天文方面的自然觀點，是指法天道無為的特性，因為天道的運行本是自己如此，並非受到外力的掌控、驅使，或包含任何「意向性」〔註13〕行為，天道沒有任何「意向與動機」而只有人類才有。既然天道毫無意向與動機，根本上就無所謂「為」的問題。只有人才有「為」的問題，正如《荀子》釋「偽」成「人為」。〔註14〕此外，

<hr>

1993 年第四期），頁 22。

〔註12〕熊十力先生釋「人生而靜，『天』之性也。」（《禮記·樂記》）曰：「此中天者，自然之謂。」引文見其著，《讀經示要（上冊）》（台北：明文書局，民國 73 年），頁 91。

〔註13〕筆者將「為」視為意向性行為，是因為反對除了本能需求外而有的外求欲望，既然反對外求欲望，即阻斷了欲望與外界誘惑的關係，所以「無為」即是無意向性行為。

〔註14〕「偽」可依《荀子·性惡》理解。梁啓雄釋曰：「凡非天性而人作為之者皆謂之偽。」引文見梁啓雄著，《荀子柬釋》（臺北：臺灣商務，民國 54 年），頁 329。

身體方面的自然觀點，即第一節所說的「無欲是無爲的基礎」。至於不爭的主張，其來由依然是天道的不爭與身體的無欲（靜）。正如七十三章所言：「天之道，不爭而善勝，不言而善應。」同理，無事、不言、不學、無名、無知、不欲、不仁……等等一系列否定式用語，莫不以此自然觀點爲立論基礎，難怪王弼釋「道常無爲」曰：「順自然也。」（三十七章注）換言之，「所謂無爲只不過是老子一系列否定式用語的總代表。」〔註15〕

回到「無爲」的文本線索，不難發現，「無爲」確是君主、聖人專屬的治國原則，論述上根本與百姓無關。不過從《老子》主張「萬物之自然」，例如「希言自然」（二十三章）以及「以輔萬物之自然」（六十四章）可推知，無爲也可適用於百姓，只是「無爲之益，天下希及之。」（四十三章）。雖然如此，文本所說的「聖人處無爲之事」（二章）、「爲無爲則無不治」（三章）、「侯王若能守之（無爲）」（三十七章）這些線索，莫不與聖人或君王有關。甚至希望君王由始至終都要堅守無爲的原則。如「是以聖人無爲，故無敗，……愼終如始，則無敗事。」（六十四章）既是如此，無爲並非「無所作爲」，相反地，君王還要堅守順自然的無爲原則，防止一切妨礙萬物自然發展的外力介入，即「以輔萬物之自然」。

（二）順 民

按照本文的思路，治術仍然以自然思想爲依據，因此「順自然」亦當成爲一切治術的指導原則。無爲是依據君王身體的無欲（靜）而產生的主張，君王無爲的結果可使百姓也順應其自身自然的發展。故五十七章曰：「我無爲而民自化，我好靜而民自正，我無事而民自富，我無欲而民自樸。」〔註16〕可見，君王施以無爲之術，可使人民順其自然本性而發展以致自正、自化、自富、自樸的狀態。所以《老子》順民的思想，表現在順民「自然本性」的發展上，而非只是盲目滿足百姓對爲政者的一切要求。例如，王弼釋「常使民無知無欲」（三章）曰：「守其眞也。」可見《老子》使民「無知、無欲」是順民自然之性的作法，目的是爲了保住人民身上的本然之性（眞）。

〔註15〕引文見劉笑敢著，〈老子之自然與無爲概念新詮〉（收錄在《中國社會科學》，北京，1996 年第六期），頁 143。他認爲：「無爲不是一個清晰的單純概念，而是一個集合式的簇概念。」引文另見 145 頁。

〔註16〕自化、自定、自富與自樸也是《老子》自然思想的一環。可參見第二章·第二節。

又如六十五章：「古之善爲道者，非以明民，將以愚之。民之難治，以其智多。……與物反矣，然後乃至大順。」一般解釋此章，視之爲《老子》主張「愚民政策」。所謂的「愚民」，依常識上的理解，是指爲政者不但不將政策制定的來龍去脈說明清楚，甚至要弄權術、玩弄百姓以逞爲政者之私利。筆者認爲，段玉裁注《說文》「愚」字爲「智之反也」，的確「愚」相反於「智」，但「愚」民並非「欺騙」人民，而是使民「憨厚惇樸之謂，而無智多智少之分別。……老子所謂棄智，是使人純樸像個嬰兒，憨厚像個愚人。」〔註 17〕嬰兒與愚人其實是指最合乎自然狀態的人，所以愚民應該是使民保持自然的樣子，一旦民智大盛則百姓意見繁雜，爲政者不易使民保持自然的樣子。百姓已經按其本性如實呈現，即已行自然之實，合乎以自然思想治國的原則，又何須用智治國？因此，愚民也屬自然思想的應用，即隨順百姓本性自然發展。如此，可「與物反矣，然後乃至大順。」其中的「與物反矣」也不妨說是《老子》使民歸返自然的原初樣態，因爲王弼注曰：「反其眞也。」所以此章章旨強調使民自然，則治國可獲大順。

（三）守柔與處下

《老子》主張「守柔」，來自於觀察嬰兒與水的自然思想。從嬰兒觀之，如「含德之厚，比於赤子。……骨弱筋柔而握固。」（五十五章）或「專氣致柔，能嬰兒乎？」（十章）以水之喻觀之，如「天下莫柔弱於水，而攻堅強者莫之能勝，其無以易之。弱之勝強，柔之勝剛，天下莫不知，莫能行。」（七十八章）又「上善若水，水善利萬物而不爭，處眾人之所惡，故幾於道。」（八章），顯然《老子》賦予水高度的評價。因爲從觀察水的自然現象，可獲得「柔弱勝剛強」的啓示，但「勝」並不是主動擊倒或消滅對方，而是處於被動狀態，可與對方「相互抗衡而不滅」的意思。仔細觀察、思索自然現象，如一個柔弱的女子，可能只憑其單薄之力擊倒一個粗獷有力的男子嗎？又如羸弱之小國，可能舉兵覆滅泱泱之大國嗎？答案是否定的。其近於道的方式，只可能是與之周旋、抗衡確保立於不敗即可長保。《說文》釋「勝」曰：「任也。」

〔註17〕引文見高明著，《帛書老子校注》（北京：中華書局，1998 年），頁 142。嬰兒與愚人在《老子》思想中，應是「自然」的象徵。此外，常語將「愚」、「笨」連用成「愚笨」一詞。其實「笨」字，亦屬自然思想，因爲《說文》釋曰：「竹裏也。」段注曰：「謂其內質白也。」這正是形容竹子白晰的材質，本是最樸實的自然樣貌。所以「愚笨」的用法在古語中，不見得只有「貶抑」的意思。

而段注「任」字，有「舉之」、「能之」、「克之」之義。〔註18〕這些類似的意義，說明了柔弱的一方，「富有能力與之抗衡」的意思。

同樣地，「處下」的主張也與水的觀察有關。如「大國者下流」（六十一章）。王弼注曰：「江海居大而處下，則百川流之；大國居大而處下，則天下流之。」可見，處下的主張，是觀察到「水之就下」的特性，而下流是一切之歸終。比喻若欲成其大，成為眾望所歸，必當處下。處下是一種治術，因為「大國以下小國，則取小國；小國以下大國，則取大國。」（六十一章）處下帶來的效果是能「容物」或與物「調和」，因為姿態處下，不論是大國或小國，不至於引發對立，進而沒有衝突，這樣可處於和而不同、彼此尊重的氣氛，故王弼注曰：「小國則附之，大國納之也。」因此，「處下」有其自然與人事兩方面的合理性，並非《老子》憑空捏造的私見。處下所擴及的層面，不僅僅限於國與國之間的交往關係，還包括君王「用人原則」與「鞏固君位」，所以大致上可確定其治術的用意。如「善用人者為之下」（六十八章）以及「是以欲上民，必以言下之；欲先民，必以身後之。」（六十六章）。以上之分析，「守柔」與「處下」皆因自然思想而起，目的是確保君王因應外在人事之變化能立於不敗（國不被取）。

〔註18〕「克」字，《說文》釋曰：「肩也。」段玉裁認為：「肩謂任，任事以肩，故任謂之肩，亦謂之克。……肩、勝也。……凡物壓之於上謂之克。……克，能也，其引伸之義。」綜合觀之，勝有「足夠能力任事以肩或承擔大任」的意思。

結　論

　　本篇論文的旨趣在於考察《老子》的自然思想，大致上可分為兩部分：一、文本中「自然」一詞外延與內涵兩方面的探討。二、涉及自然哲學的概念與應用部分的考察。簡而言之，筆者探討《老子》的自然思想，關注在文本「自然」一詞的界定與以自然哲學探討的對象為重點。這樣接近文本的方式，恰好涵蓋了前言所揭示的兩種研究進路，較能全面地掌握《老子》的自然思想。經過上述各章的討論後，筆者從以下四個面向來歸結本論文所獲致的大要如下：

第一、背景視域

　　即史官視域的提出，可解釋關於道的描述可能來自於史官特有的天道觀。《老子》以遍察經驗之細密出發，故主張：「見小曰明。」（五十二章）所以對於天道、人性觀察透徹，主張不論修身或治國，應本著合乎自然無為之天道，才可長治久安。與天道相關的天文學研究，向來少有研究專著，如此科學認識的背景不明，才導致目前神秘主義的宗教觀點盛行。筆者認為，僅僅認識到天道的規律意義，在文本上的解讀易流於輕率，稍嫌視域過窄。畢竟古時科學與哲學的思想並沒有明顯的區隔，彼此糾結、相互影響。所以哲學思想常常以科學知識為背景，而科學知識的進展常常仰賴於哲學的啟發。也唯有自然化的認識進路，才能突顯中國哲學的特殊性與優越性。

第二、思想內容

　　（一）若將古今「自然」一詞作一比較，勉強找尋其間相似的解釋，則「自然」（或 nature）的較佳理解，應屬「本性」一義。「本性」指萬物生之所

已然的內容，不過這樣的理解，基於人認識萬物所呈現的樣子後，將此呈現活動歸結爲萬物本身爲人所理解的一些「基本特性」。所以「本性」是人認識能力的產物，並非指超越感官而有的實體認定，因而本性不具西方所謂實體那般的本質意義。

（二）依循筆者「呈現義」的「自然」觀點，天、人藉「道的呈現」而表現，故皆有自然呈現之意，皆屬整體自然的一部分。道的意義可分爲天道運行的描述性意義，以及據天道而成的規範性意義兩層面，後者其實即指天道的應用層面而言。

（三）規範性意義的道其線索在老學中最爲豐富，而且也是最重要的部分，即道家常被誤以爲缺乏人道部分。其實《老子》著重自然現象的觀察，因此充斥著「描述性」的語言，然後從中汲取自然思想爲君所用，因而形成道的「規範性」語言。

（四）《老子》在思辨範疇上獨立於天而描述道的樣態，只是突顯道與天同大的重要性。卻也藉由語言的如此描述，導致道這樣的「存在活動」與天這樣的「存在者」完全分離，進而造成常識中解釋不當的「超越」觀點。在筆者鋪陳的史官視域下，道概念根本上是觀察天的運行軌跡而形成的「呈現性」活動，似乎並無現象背後的實體假定意義，因而其論述的旨意在於由天之道擴及人之道，強調規範性的道可供人取效並導引行爲至一理想的正途，當然道的呈現性活動也隨著規範性原則的產生而表現於正確的行爲上。

（五）從「自然」一詞與言、聖人之治以及道、德的關係，再加上自然哲學討論的天、天地、氣、物、有、無、動、靜這些《老子》重要的自然思想，我們可看出「與其用"道"來概括老子的哲學，還不如用"自然"來概括老子的哲學。」〔註1〕可見老學思想應以自然思想爲基礎，而且在《老子》文本中，自然思想應具有最全面與最深刻的影響力。

第三、道論的一致性

關於道的兩種理論，須要求在文本內部的解釋必須一致。將道視爲實體存在的理論，有其理論上的直觀性與合理性，在宇宙生成論的解釋上極具優勢。而將道論視爲解釋上的需要而設計出的理論，在道術合一的觀點下，較能兼顧解釋老學規範化的原則，亦符合先秦諸子因應紛亂的政治局勢，而採

〔註 1〕引文見洪家義著，〈玄、無、道、自然——關於《老子》的哲學體系〉（收錄在《南京大學學報》：哲學・人文・社科版，1987 年第四期），頁 206。

取「疾虛妄」的態度（即重視人道），提供君王經世治國的政治藍圖。簡而言之，實體論的觀點雖賦予《老子》更深層的哲學意義；而由設計論來解釋老子的道卻能與歷史發展的事實契合。不論何種理論，畢竟始終是一種「臆測」，〔註2〕一種基於文本的猜測。何況這兩種理論並無根本上的對立問題，所以這兩種觀點也應被接受、彼此尊重。

第四、中心旨趣

遍查歷代史書，皆列有「天文」一部，又以諸子書爲例，《墨子・天志》、《荀子・天論》……等等，每每述及天與聖王，不禁令人生問：「古人暢言天道之旨趣何在？」不外是「務爲治者也」。因此，在「道術合一」，而道論依托在天道的背景視域下，《老子》由天道而主君人南面之術，大抵無疑。

又參照七十章所示：「吾言甚易知、甚易行；天下莫能知、莫能行。」經過文本的說明與筆者進一步的闡釋，天下是否「既能知，又能行？」筆者認爲理論之深意可知，但實踐上卻不盡然可行。因爲《老子》全書的大要，僅只是一些「原則上」的闡明，並未詳盡交代簡單、確實可操作的行爲方式，因而只能明其意，而不得其門。此即《莊子・天道》所謂：「世之所貴道者，書也。書不過語，語有貴也。語之所貴者，意也，意有所隨。意之所隨者，不可以言傳，……夫形色名聲果不足以得彼之情，則知者不言，言者不知，而世豈識之哉！」因爲得道之人，只能意會而不能言傳，即便能知其意，也難以行其道。所以說：「知者不言，言者不知。」（五十六章）莫怪輪扁視聖人之書爲「糟魄」！同理可知，《老子》所示之道，雖以五千言傳世，但後人卻只能知道之中心旨趣，卻未必能落實於具體的實踐中。但若以自然原則爲準，依人之「自然需求」行事，如此則可謂爲「易行」。

最後，回到前言述及的「思想與哲學」的區分，筆者確信任何哲學的產生有待於建構者的思想不斷地被反省與批判，進而方可逐漸形成一融貫的哲學體系。筆者的寫作過程是建構在這不斷自我反省與批判的過程，試圖將「《老子》思想」蛻變成「《老子》哲學」。所以論證的過程恰如「自然」的呈現意義一般，不斷地呈顯出可供理解的形象思維，絕不超脫現象而直論本體。在筆者的觀點解釋下，建構《老子》自然哲學的結果，應可見其粗略的架構。但提出的說明能否達致百密而無一疏？其最後的評判，亦有待讀者進一步的

〔註2〕參閱埃德蒙德・胡賽爾著、倪梁康譯，《現象學的方法》（上海：譯文出版社，1994 年），頁 115。

批判與賜教。以上各種觀點並非戞戞獨造，筆者只是站在前輩的肩上重提一些觀點。〔註3〕本文理論的啓發，來自於筆者指導教授強調的「道的可理解性」，此一思考進路不少中外先進早已點明。例如，近來最引人注目的是陳漢生（Chad Hansen）先生反對「中國人的思想是在理論上不可理解的」〔註4〕這種權威理論的觀點。筆者深表認同，並且嘗試透過觀點的不斷澄清，顯明中國思想確實具有哲學意義。

現代人的自然觀表現在字詞的用法上，雖然字面意義較豐富，但仍可找出與先秦用法相似之處。《老子》文本中的「自然」一詞，經過一番考察，大致上表示一些不同情境、不同對象的狀態描述。似乎無意於追問「世界是由什麼構成？」這種實體性的存有問題。因爲，《老子》只關注在對象本身已然存在的事態，而這些事態可以被我們清楚地「感知」。並且君王應竭力維護、輔助這個已然存在的事態，如此才能常保自然。因此，從對於「自然」的理解亦可以駁斥「道具有神秘性而且不可理解」的觀點，這種觀點將道家的研究都歸於不可能，並且容易使得中國哲學走上宗教一途，如此一來中國思想的特性難以彰顯，卻又走上西人極欲捨棄的「那種訴諸超越觀念的文化自我認識」〔註5〕的神學觀。採用這種「神秘而不可理解」的研究進路是否恰當，筆者以爲或許應當再予以審慎考慮。

〔註3〕 如「道術合一」這種「論道不離理事」的觀點，前人早已述及。例如，《韓非子·解老》曰：「道者，萬物之所然也；萬理之所稽也。」或王夫之所提：「道者，物所眾著而共由者也。」（《周易外傳》）可參閱艾力農著，〈王夫之對老子的批判〉（收錄在《中國哲學史研究》，北京，1987年第四期），頁79～80。
〔註4〕 引文見陳漢生著，周雲之、張清宇、崔清田等譯，《中國古代的語言和邏輯》（北京：社會科學文獻出版社，1998年），頁227。
〔註5〕 引文見（美）郝大維、安樂哲著，施忠連譯，《漢哲學思維的文化探源》（南京：江蘇人民出版社，1999年），頁198。

參考文獻

一、中文書目

（一）原典資料

1. 魏源，《老子本義二卷》，台北：漢京文化事業有限公司，民國 69 年。
2. 王弼等著，《老子四種》，台北：大安出版社，民國 88 年。
3. 陳鼓應註譯，《老子今註今譯及評介》，臺北：台灣商務，民國 86 年，二次修訂版。
4. 蔣錫昌，《老子校詁》，台北：東昇出版事業有限公司，民國 69 年。
5. 彭浩校編，《郭店楚簡老子校讀》，武漢：湖北人民出版社，2000 年。
6. 荊門市博物館，《郭店楚墓竹簡》，北京：文物出版社，1998 年。
7. 高明，《帛書老子校注》，北京：中華書局，1998 年。
8. 黃釗，《帛書老子校注析》，台北：台灣學生，民國 80 年。
9. 谷斌、鄭開注譯，《黃帝四經今譯‧道德經今譯》，北京：中國社會科學出版社，1996 年。
10. 譚戒甫，《墨辯發微》，北京：中華書局，1996 年。
11. 楊伯峻，《列子集釋》，北京：中華書局，1997 年。
12. 梁啟雄，《荀子柬釋》，臺北：臺灣商務，民國 54 年。
13. 楊家駱主編，《管子校正》，台北：世界書局，民國 79 年。
14. 蘇輿撰、鍾哲點校，《春秋繁露義證》，北京：中華書局，1996 年。
15. 郭慶藩輯，《莊子集釋》，臺北：華正書局有限公司，民國 86 年。
16. 〔清〕王先慎，《韓非子集解》，北京：中華書局，1998 年。

17. 劉文典，《淮南鴻烈集解》，北京：中華書局，1997 年。

18. 〔清〕王引之，《經傳釋詞》，臺北：漢京文化事業有限公司，民國 72 年。

19. 李學勤主編，《十三經注疏・爾雅注疏》，北京：北京大學出版社，1999 年。

20. 〔漢〕許慎撰、〔清〕段玉裁注，《說文解字注》，臺北：黎明文化事業股份有限公司，民國 87 年。

21. 傅佩榮解讀，《論語》，台北：立緒文化，民國 88 年。

（二）主要參考書目

1. 錢穆，《中國思想通俗講話》，台北：東大圖書，民國 79 年。

2. 錢穆，《國史大綱》，台北：台灣商務印書館，1996 年。

3. 錢穆，《莊老通辨》，台北：東大圖書，民國 80 年。

4. 陳鼓應主編，《道家文化研究》第六輯，上海：上海古籍出版社，1996 年。

5. 陳鼓應主編，《道家文化研究》第十七輯，北京：三聯書局，1999 年。

6. 陳鼓應，《老莊新論》，九龍：中華書局有限公司，1991 年。

7. 張舜徽，《周秦道論發微》，台北：木鐸出版社，民國 72 年。

8. 熊十力，《讀經示要》，台北：明文書局，民國 73 年。

9. 熊十力，《乾坤衍》，台北：台灣學生，民國 76。

10. 傅佩榮，《儒道天論發微》，臺北：臺灣學生，民國 74 年。

11. 伍非百，《中國古名家言》，北京：中國社會科學出版社，1983 年。

12. 金祖孟，《中國古宇宙論》，上海：華東師範大學出版社，1996 年。

13. 陳遵嬀，《中國古代天文學簡史》，台北：木鐸出版社，民國 71 年。

14. 陳遵嬀，《中國天文學史（第一冊）》，台北：明文書局，民國 87 年。

15. 江曉原，《天學真原》，遼寧教育出版社，1997 年。

16. 江曉原，《天學外史》，上海人民出版社，1999 年。

17. 潘鼐、崔石竹，《中國天文》，上海：三聯書店，1998 年。

18. 張岱年，《中國古典哲學概念範疇要論》，北京：中國社會科學出版社，1999 年。

19. 王范之，《呂氏春秋研究》，呼和浩特：內蒙古大學出版社，1993 年。

20. 丁原明，《黃老學論綱》，濟南：山東大學出版社，2000 年。

21. 李杜，《中西哲學思想中的天道與上帝》，臺北：聯經，民國 80 年。

22. 柴熙，《認識論》，臺北：臺灣商務印書館，民國 80 年。

23. 劉歌德主編，《科學世界觀方法概論》，廣東：中山大學出版社，1996 年。

24. 劉增惠，《道家文化面面觀》，濟南：齊魯書社，2000 年。

25. 林德宏、肖玲等著，《科學認識思想史》，南京：江蘇教育出版社，1999 年。

26. 胡興榮，《老子四家注研究》，南寧：廣西教育出版社，2000 年。

27. 吳桂就，《方位觀念與中國文化》，南寧：廣西教育出版社，2000 年。

28. 王慶憲、梁曉珍，《醫學聖典——《黃帝內經》與中國文化》，開封：河南大學出版社，1998 年。

29. 傅維康、吳鴻洲，《黃帝內經導讀》，成都：巴蜀書社，1996 年。

30. 吳國盛，《追思自然》，瀋陽：寧海出版社，1998 年。

31. 林德宏、張相輪，《東方的智慧——東方自然觀與科學的發展》，江蘇：科學技術出版社，1993 年。

32. 趙載光，《中國古代自然哲學與科學思想》，長沙：湖南人民出版社，1999 年。

33. 劉長林，《中國系統思維》，北京：中國社會科學出版社，1997 年。

34. 熊鐵基、馬良懷、劉韶軍，《中國老學史》，福州：福建人民出版社，1997 年。

35. 歐陽哲生編，《胡適文集 6》，北京：北京大學出版社，1998 年。

36. 張顯成，《先秦兩漢醫學用語研究》，成都：巴蜀書社，2000 年。

37. 〔日〕井上聰，《先秦陰陽五行》，漢口：湖北教育出版社，1997 年。

38. 李申，《中國古代哲學與自然科學》，北京：中國社會科學出版社，1993 年。

39. 沈清松，《物理之後：形上學的發展》，台北：牛頓，民國 80 年。

40. 王德有，《道旨論》，山東：齊魯書社，1987 年。

41. 王博，《老子思想的史官特色》，台北：文津，民國 82 年。

42. 朱哲，《先秦道家哲學研究》，上海：人民出版社，2000 年。

43. 艾蘭、汪濤、范毓周主編，《中國古代思維模式與陰陽五行說探源》，南京：江蘇古籍出版社，1998 年。

44. 馮禹，《“天”與“人”——中國歷史上的天人關係》，重慶：重慶出版社，1991 年。

45. 張智彥，《老子與中國文化》，貴陽：貴州人民出版社，1996 年。

46. 唐君毅，《中國文化之精神價值》，臺北：正中書局，民國 68 年。

47. 張祥龍，《海德格爾思想與中國天道》，北京：三聯書店，1997 年。

48. 張志林、陳少明，《反本質主義與知識問題》，廣州：廣東人民出版社，1998 年。

49. 蕭兵、葉舒憲,《老子的文化解讀》,武漢:湖北人民出版社,1996 年。

50. 劉笑敢,《老子:年代新考與思想新詮》,臺北:東大圖書,民國 86 年。

(三)中譯參考書目

1. 〔美〕陳漢生著,周云之、張清宇、崔清田等譯,《中國古代的語言和邏輯》,北京:社會科學文獻出版社,1998 年。

2. 〔法〕弗朗索瓦·于連著、杜小眞譯,《迂迴與進入》,北京:三聯書店,1998 年。

3. 〔美〕郝大維、安樂哲著,蔣弋爲、李志林譯,《孔子哲學思維》,南京:江蘇人民出版社,1996 年。

4. 〔美〕郝大維、安樂哲著,施忠連譯,《漢哲學思維的文化探源》,南京:江蘇人民出版社,1999 年。

5. 魯道夫·阿恩海姆著、滕守堯譯,《視覺思維——審美直覺心理學》,成都:四川人民出版社,1998 年。

6. 埃德蒙德·胡塞爾著、倪梁康譯,《邏輯研究第一卷》,上海:譯文出版社,1999 年。

7. 莫里茨·石里克著、陳維杭譯,《自然哲學》,北京:商務印書館,1997 年。

8. 康德著、鄭小芒譯,《自然科學的形而上學基礎》,北京:三聯書店,1988 年。

9. 馬丁·海德格爾著、熊偉譯,《形而上學導論》,台北:仰哲出版社,民國 82 年。

10. 李約瑟著、陳立夫主譯,《中國之科學與文明(二)》,臺北:臺灣商務印書館,民國 74 年。

二、英文書目

1. Angeles, P. A. .*Dictionary of Philosophy*. New York:Harper Collins Publishers, 1981.

2. Graham, A.C. . *Disputers of the Tao*:*philosophical argument in ancient China*. La Salle,Illinois:Open Court Publishing Company, 1989.

3. Collingwood, R. G. . *The Idea of Nature*. London:Oxford University Press, 1949.

4. Whitehead, A .N. . *Concept of Nature* . Cambridge:Cambridge University Press, 1978.

5. Schwartz ,Benjamin Isadore .*The world of thought in ancient China*. Cambridge, Massa-chusetts:Harvard University press, 1985.

三、期刊論文

1. 丁原植，〈《老子》哲學中"自然"的觀念〉，《哲學與文化》二十卷一期，1993 年一月。

2. 池田知久，〈中國思想史中的「自然」概念——作爲判斷既存的人倫價值的「自然」〉，《中國人的價值觀國際研討會論文集》，民國 81 年 6 月。

3. 陳其榮，〈自然哲學：自然科學與形而上學的交融〉，《自然辯證法研究》第 15 卷第 6 期，1999。

4. 王中江，〈中國古典哲學中的自然主義 —— 範式和理想詮釋〉，《中州學刊》，鄭州，1992 年第五期。

5. Archie J. Bahm 著、蔡方鹿譯，〈論老子之"道"〉，《天府新論》，成都，1995 年第 4 期。

6. 黃燦章，〈老子"道"的物質屬性及運行法則〉，《安慶師院社會科學學報》，1998 年增刊。

7. 蒙培元，〈"道"的境界 —— 老子哲學的深層意蘊〉，《中國社會科學》，北京，1996 年第一期。

8. 孫長祥，〈帛書《道原》與《淮南子·原道》思想的比較〉，《第一屆簡帛學術討論會論文集》，台北，民國 88 年 12 月 10～12 日。

9. 李堆尚，〈老子哲學的形象思維、直覺思維和模糊思維〉，《延安大學學報》：社科版第一期，1992 年。

10. 于海江，〈關於"運動"範疇的再討論〉，《社會科學輯刊》，1999 年第一期。

11. 陳鼓應，〈從《呂氏春秋》到《淮南子》論道家在秦漢哲學史上的地位〉，臺灣大學《文史哲學報》第五十二期，台北：國立臺灣大學文學院，民國 89 年 6 月。

12. 洪家義，〈玄、無、道、自然 —— 關於《老子》的哲學體系〉，《南京大學學報》：哲學·人文·社科版，1987 年第四期。

13. 許第虎，〈老子"無爲"本義探源〉，《長沙水電師院社會科學學報》，1993 年第一期。

14. 王國勇，〈試析《老子》道政治論〉，《貴州文史叢刊》，貴陽，1993 年第四期。

15. 劉笑敢，〈老子之自然與無爲概念新詮〉，《中國社會科學》，北京，1996 年第六期。

16. 王曉波，〈氣與古代自然哲學〉，《哲學與思想》，台北：東大，民國 77 年。

17. 謝陽舉，〈論老子貴身治天下的思想通于禮的治國論〉，西安，《西北大學學報》：哲社版，1996 年第三期。

18. 艾力農，〈王夫之對老子的批判〉，《中國哲學史研究》，北京，1987 年第四期。

附錄一：《公孫龍子》的名實區辨原則

壹、前　言

　　《公孫龍子》一書，舊傳一十四篇，今只剩六篇，又〈跡府〉一篇爲後人序錄，眞正爲公孫龍子本人所著只有五篇。由此可見《公孫龍子》之文字並非繁雜，與先秦各家著作相較之下，略嫌精簡。但是，其中的思想內容，卻涉及了現代的邏輯、形上學、語言哲學與認識論種種極富深度的哲學問題；而且五篇之思想可相互解釋、同氣連枝，儼然成一融貫系統。其思想可分爲三類：「一、屬世界觀認識論：〈指物論〉——即概念論的學說。二、屬邏輯名實問題的：〈名實論〉——即正名實的基本學說。三、屬辯說的邏輯問題的：〈白馬論〉、〈堅白論〉、以及〈通變論〉——三篇內容，主要是從概念的分析來討論有關概念種類、內涵外延、判斷標準以及推論形式方面的辯說問題。」〔註1〕此書的思想要義，不但代表了先秦名家的思想，而且與孔子、荀子之正名、墨子之名實概念互爲爭辯之用，由此爭辯之過程，反映了當時天下禮樂刑罰混亂的政治局面。

　　因此，本文之撰寫目的，不在於萌發新意，而在於能夠減少解釋上之錯誤，進一步反映「名實之正」的重要以及如何避免名實混淆？制名的依據何在？等等問題，或許亦符合改善當前整個社會風氣的要求。畢竟關於名實的討論，不應僅僅停留在純粹概念的思辨，而應當對於政治倫理的實踐問題有所助益，這點將是本文說明的重點。全文應以〈名實論〉爲核心，因爲「大

〔註 1〕 參看汪奠基著，《中國邏輯思想史料分析》(台北：仰哲出版社)，頁 192～193。

抵白馬、堅白爲具體之論證，指物通變則抽象的說明。解指物之義，則『白馬非馬』之義明。達通變之旨，則『堅白石二』之情顯。至於名實則又指物通變二篇之根本論也。明此一論，則一切正詭之論，皆可迎刃而解。」〔註2〕這段話足以代表《公孫龍子》各篇要旨，而且以〈名實論〉爲根本論，應是十分恰當的。

另一方面，各家註解《公孫龍子》所採取之方法、立場各有不同。例如，將「指」視爲一柏拉圖之「理型」（idea），或以形式邏輯之論證的有效、無效來分析語句。這些方式或許可以提供另一種更深層的思考方向，亦可提高《公孫龍子》在哲學上之地位。但是可能遭遇到理論無法融貫，甚至導出公孫龍子是詭辯家的不當結論。以〈名實論〉作爲根本論而言，著重於名、實、唯、謂的區分，即探討認識之內容（唯）如何表述成語言（謂），又如何與外界事物（物實）發生關係的問題。此即認識論討論之範圍。〔註3〕筆者認爲注解《公孫龍子》應以認識論方法爲本，另外涉及形上學、邏輯概念的部分可鋪陳於各論之中。

貳、本　論

一、唯、謂之辨

〈名實論〉提出了正名之本在於「唯謂」的方法。於篇首提出：「天地與其所產者，物也。物以物其所物而不過焉，實也。實以實其所實而不曠焉，位也。出其所位，非位。位其所位焉，正也。」這段話先提出了正名實之基本概念（物、實、位、正），或者可以說是「人觀察到名、實的成立基礎在於區分外界對象的物與從感官知覺、抽象概念到最後賦值予物以名的過程之不同」。由此區分可知，「物」是天地與其所產者，是引發感官知覺的根本依據，並非憑空製造出的假相。可見物是有其存在基礎的，獨立於人心之外而存在。而「實、位、正」，是爲了解釋正名與物之關聯而產生的後設性規定。但是此規定並非隨意杜撰，而是仍有經驗事實作依據。意即，「實」是「物其所物」，作爲物體中的內在充實內容；「位」是「實」本身之恰當表現的狀態，而人們充分掌握了藉以標示物的實，實的恰當滿盈狀態的位，再進一步衡量「位」

〔註2〕引文見伍非百著，《中國古名家言》（北京：中國社會科學出版社，1983年），頁510。

〔註3〕參看柴熙著，《認識論》（台北：台灣商務印書館，民國80年），頁12。

是否屬實，則稱爲「正」。《論語・泰伯》：「不在其位，不謀其政。」其中所說的「位」，是屬於人爲的評判問題，亦與公孫龍子所言之「位」相應。因爲，在其「位」之人必須相應其「實」，否則必不可在位。若是違反了這個原則，也就是說在位者，名不符實，那麼名便不正，於是必會導致：「……言不順則事不成，事不成則禮樂不興，禮樂不興則刑罰不中，刑罰不中則民無所措手足。」（《論語・子路》）所以，正名問題實在是先秦諸子哲學的重點之一。回到〈名實論〉來看，「名」指涉到物，「實」標示出物的存在，而「位」、「正」是應用到實際社會中，作爲人民遵循以確保社會秩序安定的必要概念。

上段闡述了正名實之層層概念（物、實、位、正），將正名導向正物之實，即是正名之外在基礎是在於物之實，此是正名之基本考量。但物之實並不完全是正名的唯一考量依據。另外，應包含「唯謂」的面向。「唯」，在語句中被視爲一應諾語，可將它視爲人們心理的肯定活動，在認識論的討論中，就是「判斷」的意思。唯之本義是「惟」，指謂著人們的一種心理活動。唯形成後，將認識內容以語言表述出來，就稱爲「謂」。換言之，「唯」、「謂」是我們的心理命題與語言表述。很明顯地，與前述之物實有極大的差異。公孫龍子不只是藉物實以正名，更提出「正名唯謂」的原則。〈名實論〉：「其名正，則唯乎其彼此焉。謂彼而彼不唯乎彼，則彼謂不行。謂此而此不唯乎此，則此謂不行。」此段話，說明了兩個問題：一、正名問題是一形上學問題，討論如何肯定這個（此）、那個（彼）的問題。二、唯、謂兩種活動必須一致、符應。除此分辨之外又曰：「以當而當，正也。」與篇首「位其所位焉，正也」，再一次突顯衡量（正）的概念，不只在人所認定的「位」上，也在於唯、謂兩活動一致的「當」上。

總而言之，正名可以有兩方面的考量：一、名可追源於物之實。二、正名唯謂的原則。從這兩方面來看，公孫龍子的哲學思想極富深義。理由何在？從西方哲人亞里士多德的對應論眞理觀到當代邏輯實證論的檢證原則眞理觀，象徵者認識內容與外界對象一致的眞理意義轉換到眞理意義只在於命題的眞假值上，〈名實論〉中實已包含了這兩種眞理觀，而「正名」即是欲尋求一客觀事實，在亂世中撥亂反正。漢儒董仲舒提出「深察名號」的呼籲，欲重新考察各類名號之意義，不就是正名思想的延伸！總括以上討論，〈名實論〉的正名問題不僅涉及「物」、「實」的純粹形上探討；「位」、「正」概念更論及儒家正名說的政治倫理意義。而「唯」、「謂」亦涉及意義理論中的指涉問題，

此一問題公孫龍子在〈指物論〉中提出了真理的絕對觀念之不可行，在下節中尚有詳細的討論。

二、物、指之辨

〈指物論〉一篇之要旨有《莊子·天下》所言「指不至，至不絕」之義。即伍非百先生所言：「本篇意指謂天下之所謂物者，其本謂不可徑而知也。可得而知者，皆『指』而已。」〔註4〕這段話說明了物中之「實」（本體），單憑「指」這種認識活動，無法達到物之本體。而可以知道的內容，只是經過指謂活動後，對於物實本身性質的內涵。關於物之本體與指謂活動的內容，我們可以區分為「物指」與「名指」之不同。上述種種，我們可以了解到物指所指為「實」，而名指則指出「名」以及所有涉及到名的一切概念，這一深層的了解，可進一步說明〈名實論〉中名與實之關係。即依於實而有的名，無法充分達到實，的確有此一困難。

〈指物論〉中，「物」之意義我們可以依照〈名實論〉中：「天地與其所產者，物也。」但是「指」的意思，由於〈指物論〉全文充斥著，「指」、「非指」、「非非指」這些文字，十分容易造成誤解，在解釋上亦難以融貫。因此，欲明〈指物論〉，必須要辨明「指」為何義。在段玉裁《說文解字注》中曰：「指，手指也。從手，旨聲。」又：「恉，意也。從心，旨聲。」由上述可知，「指」可假借成「恉」。上段之指，可理解成藉由手而產生的具體指謂活動；下段之恉，則可理解成認識到的「概念」。經由這樣的說明，可以得知，指謂的活動，是一種賦予物本身意義的活動。指與物本來可以毫無關聯，但是當人們欲了解外在事物而且進一步達到互相溝通的目的，物之意義便可隨著指的活動賦值而來。這一點亦表明了〈指物論〉的意義理論內涵。例如，「物莫非指，而指非指」之中的指，即是「物指」；「且指者天下之所兼」之中的指，即是「名指」──指是一概括萬物的普遍概念。在此，物指與名指相較於西方語言哲學中的意義理論，涉及指涉論（referential）與意念論（ideational）的區分。〔註5〕所以，可將〈指物論〉視為探討語言活動中意義問題的重要主張。經過上述物、指概念的分析與〈指物論〉要旨的闡述，相信可更容易理

〔註4〕 引文見伍非百著，《中國古名家言》（北京：中國社會科學出版社，1983年），頁12。

〔註5〕 參見 William P.Alston 著、何秀煌譯，《語言的哲學》（台北：三民書局，民國59年），頁17。

解〈指物論〉大要。

〈指物論〉全篇大致上是以「物莫非指，而指非指」爲總綱，其餘之論題，皆爲其注解。「物莫非指」是說，天下萬物不管已經被我們知道的，或是將來可能被我們認識到的，無一不是從指謂的過程中辨認出來的。下句「而指非指」，是一對於上句指謂活動的後設性命題。意即，這種指謂活動所形成的認識內容或判斷，若進一步欲明確討論它，就必須將它當成「語句名稱」作出另一後設性的命題。此一後設性命題便指涉到前一命題，如欲指認此後設性命題，又須求諸於另一命題，如此一來造成無限後退的困難。另一種認識論進路的理解方式認爲，名指永遠無法達到物指本身之實，意即伍非百先生所言「指不至」的意思。

此外，現今諸多學者嘗試以形式邏輯的概念來分析《公孫龍子》內涵，以〈白馬論〉之研究最爲著名，尤其著重論證之有效、無效問題的討論。在這種研究方向下，固然有助於提昇《公孫龍子》在哲學史上之地位（以西方哲學之觀點而言），但是細察其他各篇語句，採取邏輯觀點來看其思想，不但無法有一融貫的解釋，而且忽視其用字之內涵的結果，竟會導致種種矛盾。學者依此矛盾斷定公孫龍子實屬一詭辯家，實在有失公允。例如有位學者說：「既然萬事萬物都可以歸結爲『指』，而指又歸結爲『非指』，即萬物＝指＝非指。就是說萬物既是指又是非指（即是指又不是指）這不是邏輯混亂嗎？既然天下充滿了非指，萬物怎能叫做指呢？」〔註6〕有這種看法，顯然並未明瞭〈指物論〉之文本。筆者認爲有兩點主要理由：一、〈指物論〉內文，各語句之間不見得有邏輯上涵蘊（implication）的關係，所以不能以命題邏輯之觀點來分析。二、「非指」並不是指的否定；只是一與「指」不同的概念詞項。如「非指者，物莫非指也」，只是說明了「非指者，仍是一種指」的意思。如此一來，非指可視爲一種指，自然不存在指與非指的矛盾問題。可見，公孫龍子之思想表述，使用語言卻不爲語言所限。再者，萬物並不可以完全等同於指，只能說「物是由於指謂活動而被理解」。換言之，「萬物＝指＝非指」這種說法並不恰當。雖然如此，公孫龍子之思想的確隱含著許多邏輯概念。例如，〈白馬論〉中的「白馬非馬」命題的謂詞概念分析與〈通變論〉中「牛合羊非馬，牛合羊非雞」的分類觀點。我欲強調的是其內容文字，實在無意

〔註6〕引文見孫中原著，《中國邏輯史（先秦）》（北京：中國人民大學出版社，1987），頁175。

於發展出形式邏輯之論證型式。

三、分類原則

對物實有所了解之後，才能「審其名實，慎其所謂」（〈名實論〉）。如此一來，名實之正才有可能。從〈名實論〉的「正名唯謂」與〈指物論〉的「論物辨指」思想，大致上可以確定的是，若想要知道物之原貌（本體），確有「指不至」之困難。話雖如此，但是卻可以從實指與語言之表述活動，概括性地摹寫出物體呈現出的面貌。並且透過思維的抽象作用，我們可以大量地將普遍概念加諸於天下萬物上，以擴大語言使用的範圍，故曰：「且指者天下之所兼。」（〈指物論〉）

而〈通變論〉思想主要是在於闡述名與實之互變關係。是針對〈名實論〉正名實之方法（唯、謂）確立後，一旦組合、比較各類概念時，依然要「審其名實，慎其所謂」，充分了解各類概念的內涵與外延，這樣才能避免使用不當的區辨原則，造成名實相混的情形。換言之，〈名實論〉闡述了正名實之方法、原則，〈指物論〉則說明了物實可藉由名指而被人掌握，而〈通變論〉進一步揭露了我們各種名實區辨原則成立的基礎。公孫龍子不再只是抽象地說明其立場，反而運用具體的事例來說明，指陳我們分類時任意使用不當範疇的謬誤，最終必將導致名、實相混，分類大亂的結果。譬如，以「羊合牛非馬、牛合羊非雞」爲例，曰：「何哉？曰：羊與牛唯異，羊有齒，牛無齒，而牛之非羊也，羊之非牛也，未可。是不俱有，而或類焉。羊有角，牛有角，牛之而羊也，羊之而牛也，未可。是俱有而類之不同。羊牛有角，馬無角；馬有尾，羊牛無尾。故曰：羊合牛非馬也。」又曰：「牛羊有毛，雞有羽。謂雞足一，數足二，二而一，故三。謂牛羊足一，數足四，四而一，故五。牛羊足五，雞足三。故曰：牛合羊非雞。」（〈通變論〉）前段意指，牛羊並非互同，亦非互異。只因爲所採取之分類觀點不同，所以在分類上，不應任意使用不同類與不同指之概念，否則名實易於混淆。後段以數量概念爲本，不當的將兩個有相異內涵（牛羊、雞）與指涉概念之語詞加以聯結。

這兩個例子，公孫龍子給予一評判：「羊合牛非馬，有以非馬也。牛合羊非雞，非有以非雞也。」總合上文，「羊合牛非馬」比「羊合牛非雞」恰當，理由在於前例的分類原則，充分認識到物實不同之內涵；而後例賴以分類比較之依據，不顧物實內涵之不同，只引用高度抽象的形上學範疇——數量。在這種考量下，物之實喪失殆盡，所用之名無實質上之內容，若是依此數量

範疇來辨物，那麼遍舉天下萬物，只要數足相同，那麼分類上便無不同。例如兔子、牛、羊、貓、狗全部都同，而雞、鴨、鵝也全同，這樣的區辨原則，如何教人採用？所以，由於事物性質的多樣性和類概念的多層次性，使概念之間同異關係更加複雜，若不審慎分辨，不儘在分類上造成混亂，甚至在君臣關係上，會造成「君臣爭而兩明也。……兩明而道喪，其無有以正焉」。在人事上，亂象亦會叢生，如此一來，名實必不得以正。所以〈通變論〉要旨在於「通名實之變」，再一次強調名的決定，必須回歸物「實」之內涵，可見〈通變論〉亦可與〈名實論〉相互彰顯、互相呼應。

四、意、物之辨

「意、物之辨」此一認識上的原則，在〈白馬論〉與〈堅白論〉中展露無遺。〈白馬論〉首段：「白馬非馬，可乎？」曰：「可。」曰：「何哉？」曰：「馬者，所以命形也。白者，所以命色也。命形者，非命色也。故曰『白馬非馬』。」理解這段文字之關鍵在於區分形、色之不同。若依指區分，則強調「名指」（色）與物指（形）之不同。在〈名實論〉：「物以物其物而不過，實也。」我們曾經討論過「實是作為物體中內在充實的內容」，而「物指」標示出物本身的存在，在〈白馬論〉中，「形」指的是「實之界域」，同樣有「物指」的功用。可是當我們對物形成認識，在概念上、語言上，便有一些關於物指本身的符號產生，這些符號的功能是在於指示「物指」之特徵，而這些符號便是「名指」。依照此意義理解，同一物指上，可容許有多個名指，但名指只能側重於某一特徵，無法完整表述個物。

每當實際上看到某一物時，此物的印象便浮現在腦海中，卻無法單獨想像此物之形狀而沒有顏色、大小等特徵；但是，卻可以在概念上區分形與色之不同，這是為什麼呢？伍非百先生提出此一問題的回答：「意有離合，而物無離合；意有分聚，而物無分聚。」〔註7〕到此為止，公孫龍子的「白馬非馬」命題大意十分明顯，著重於形色之辨的抽象概念上，純粹是「意之辨」，因為意有離合、分聚，只有在概念上，才能有抽象、組合、比較、併列的作用。依此情況概念的活動便趨於複雜，這是就人的概念活動觀點而言；就物的存在觀點，一接觸時，物之本然呈現出來，就存有狀態而言，已是實有，無法做出如思想上之組合、比較與抽象活動，意即「物無離合分聚」。總之，針對

〔註7〕引文見伍非百著，《中國古名家言》（北京：中國社會科學出版社，1983年），頁523。

「白馬非馬」命題而言，此命題的確意含著「意有分聚，物無離合」的區辨原則。站在常識上的觀點，十分容易認為此一命題之虛妄不切實際，然而公孫龍子基於此區辨原則所提出的命題，仔細考察之，著重在「意之辨」上。因此，與一般常識中或者是現今生物學上的分類並不能相應。因而，據此區辨原則而衍生的「白馬非馬」命題，其是否可以成立，無庸置疑。

除了〈白馬論〉外，公孫龍子在〈堅白論〉中對「意有分聚，物無離合」此一區辨原則，作了更明確的表述。主客之間的論辯，很清楚地可以分析出兩者所持立場之不同，依其立場之不同，順理成章地便可導出「離堅白」或「合堅白」彼此對立之結論。公孫龍子主離堅白，站在意有分聚的立場。〈堅白論〉：「曰：『堅、白、石，三，可乎？』曰：『不可。』，曰：『二可乎？』，曰：『可』，曰：『何哉？』曰：『無堅得白，其舉也二；無白得堅，其舉也二。』。」公孫龍子認為堅白、石雖然相離，卻不可同時並列。因為受制於感官上的限制，即曰：「視不得其所堅，而得其所白者，無堅也。拊不得其所白，而得其所堅；得其堅也，無白也。」觸覺與視覺並不能同時皆有，因為只能依賴於不同的官能，所以是相離的。意即，當以手摸石時，只能有堅硬之感，卻不可能看見石之白，反之亦然。深一層來看，這就是「藏」的意義。因而藏的概念是指兩官能之間的相對關係。既然一官能現，另一官能則藏，這是一種人相對於物在官能上的自然限制，而不是人本身欲將其堅、白性質藏起來，故曰：「有自藏也，非藏而藏也。」除此之外，〈堅白論〉提出「物白焉，不定其所白」，以此反對問難者「其白也，其堅也，而石必得之以相盈」。換言之，白、堅這兩種物之性質，並不只在一物中，在其他物體上，例如白板、粉筆，亦可找到這些性質。這種說法之提出，證明了「其舉也二」，即堅、石或白、石，將堅、白與石徹底割裂、分離。由之「堅白域于石，惡乎離」。

綜合整理上述見解，公孫龍子提出「意有分聚、離合」此一名實區辨原則，依蕭登福先生之見解，要點有二：第一、由感官上之異任，論堅白之相離。第二、由共相可兼及他物，論堅白之離於石。〔註8〕第一點可得「堅白相離」，在概念上確實存在堅白相藏的現象。第二點，重申公孫龍子「堅白、石」二，而非「堅、白、石」三之主張。這點討論代表堅、白等性質的普遍概念並不專屬于某物（石）所有，在概念上可獨立於某物而存在，亦可藏於其他

〔註8〕參看蕭登福著，《公孫龍子與名家》（台北：文津出版社，民國73年），頁142～146。

個物上，因為這些普遍概念的普遍性是從許多個物抽離而來。換言之，「概念所表現的本質即是一個『通性』（direct universal）。所謂通性也者，乃是一種可能周延地存在於眾多事物上的限定」。又「通性指的是眾多事物共同所有的限定，不但存在於一個事物上，而是一律地存在於眾多的事物上」。〔註 9〕因此「不定者兼，惡乎其實？」當然成立。

相對於這兩個觀點，問難者主要的主張在於提出「物無離合」的原則。理由十分簡單，只在「循石」。意即，問難者將其一切理論基礎回歸到「石」此一實有。主張要點如下：一、在不區分意與物之不同的情況下，將白、堅、石三者視為「存有上之眞」，主觀上既已認定皆有，三者確實如實呈現不可懷疑，因而不就是「堅、白、石三」嗎？所以說：「得其所白，不可謂無白；得其所堅，不可謂無堅；石之石也，之於然也，非三也？」二、將堅、白兩性質視為「若廣修而相盈也」。這說明了初性、次性必須統合在一物中而互相充滿。初性、次性依然不可離物實而獨立存在。因為「循石，非彼無石，非石無所取乎白。石不相離者，固乎然，其無已」。由此可知，堅、白、石三者並不相離，即「合堅白於一石」。以上從主客之間的論辯可以看出：一、公孫龍子依於「意有分聚」立場而有的觀念論與問難者「物無離合」循物立論的實在論之不同。二、在藏的意義揭示後，一官覺現，另一官覺則藏，如此一來，在此同時，對人而言的諸多性質之獨立存在性不能並現，因之令人生疑。三、初、次性問題在公孫龍子看來，皆為人之官能，站在人之觀點而論辯；但是對於客方而言，人之官能而有的諸多性質，藏在物體之中，故主「堅白石不相外，藏三可乎」，站在物之觀點而立論。

參、結　論

總括來看，本文提出的四個名實區辨原則，皆欲說明從認識的觀點到語言的表述過程，是一從物實逐漸抽象、簡化成各種名、謂的過程；然而概念的形成由於個人取捨之不同，指涉到的對象以及對象之屬性亦有所不同。概括而論，概念某種程度上反映出事物之本質，但卻同時造成許多不精確或者模糊的概念，因而造成名無以舉實，定位不當之名、實混亂現象。所以公孫龍子才說「至矣哉！古之明王。審其名實，愼其所謂。」（〈名實論〉）大致來

〔註 9〕引文可參看柴熙著，《認識論》（台北：台灣商務印書館，民國 80 年），頁 86。

說，依此四原則可獲得以下結論：

一、唯、謂之辨：〈名實論〉的中心思想在於（一）正名的步驟—物、實、位、正。（二）正名唯謂的原則。由此可見，正名的過程包含外在之物、實、人衡量物、實之標準（位、正），以及了解物、實後內在心理狀態的肯認與語言表述必須一致的考量。這樣的考量即西洋哲學史上，從亞里士多德以降，所極力追求的對應說真理觀，由此確立認識論進路所尋求的「認識之內容與外界對象一致」之真實性判準。因此，〈名實論〉的一貫精神即是返求真理的精神。

二、物、指之辨：此原則以〈指物論〉爲立論基礎。首先直接點出「物莫非指而指非指」這種人類官能上無法認識事物本體之困難。即僧肇所言「萬物非真，假號久矣」（《肇論・不真空論》）、「以名求物，物無當名之實」（《肇論・不真空論》）。意即一切事物的名稱，無非是長久以來假定的概念，物名根本無法充分反映「實」的本質。再者，更深一層來說，物指與名指尚包含近世西方語言哲學中的意義理論問題，如指涉論與意念論的區分。

三、分類原則：〈通變論〉思想強調，爲了避免名、實相混，不只在單一名稱上要審慎使用；另外，在複合名稱或各種分類範疇上也要考慮到其外延以及內涵定義。此篇言「通名、實之變」之理，特別舉出「牛合羊非馬，牛合羊非雞」這些具體事例來說明名、實之間較恰當的關係。

四、意、物之辨：此原則具體反映在〈白馬論〉與〈堅白論〉中。這兩篇文本顯示主、客論辯之基礎在於分別就人與物之不同而有截然不同的觀點。相應於意有分聚原則的有公孫龍子的「白馬非馬」、「離堅白」論題。前者可成立之理由在於強調形、色之辨的概念上，屬「意之辨」；後者可成立之理由有二：（一）「由感官之異任，論堅白之相離」。因爲堅白藉由觸覺與視覺而有，但使用觸覺卻不能得到視覺的內容，反之亦然。可見這兩種官覺各司其職，互不干涉，所以是相離的。（二）「由共相可兼及他物，論堅白之離於石」。總之由（一）之離堅、白到（二）之離堅白、石可獲得「堅、白、石」相離之結論。此外，相應於物無離合原則的問難者，最主要的主張在於「循石」。即返回物體本身，觀察到堅、白屬性實際上統合在石之中，互相盈滿而沒有分離，故主「合堅白」、「白馬是馬」同理可得。

上述種種，大致上是公孫龍子主要之主張及其區辨名、實之原則。平心而論，其中思想極具哲學深義。若草草論斷「中國無哲學」那麼西方哲學幾

千年來所爭論的主客問題相較之下，在時間上遠遠晚於中國，又將如何被看待？我想重申的是，中國哲學在尚未被正確理解之前，不宜使用形式邏輯中的論證型式來研究它，否則便會導出矛盾或產生理論無法一致之困難。以此矛盾而聲稱公孫龍子是一詭辯家，就如揚雄回應時人稱公孫龍子「詭辭數萬以爲法」（《法言・吾子》），認爲「不合乎先王之法，君子法不也」（《法言・吾子》），揚雄這樣的論斷實有不妥。因爲依照《漢書・藝文志》的說法：「名家者流，蓋出於禮官。……孔子曰：『名不正則言不順，言不順則事不成。』此其所長也。」禮官之長在於「正名」，其職志在於謀求政治運作之合宜免於脫序，又豈能不合乎先王之法？可見名家之正名在本質上應與儒家一致，而《公孫龍子》各篇大量純粹概念的討論，只是說明名實概念可能造成混亂的立論基礎，似乎並不僅只是「爲知識而知識」的邏輯思辨討論。其最終之目的無非在於政治倫理的實踐，即「欲推是辯，以正名實，而化天下焉。」（〈跡府〉）另外，在研究態度上，不宜增減字解釋。例如，伍非百先生將「非指者，物莫非指」增字成「非指者，物莫『非』非指」。語意上完全與文本不同，而文本可以有一完整且一致的解釋。再者，筆者必須強調，辯論的目的不在於打倒敵論，而是藉由辯論的過程，突顯出主客兩方不足之處，進一步以正視聽，避免妄下斷言。而公孫龍子以及先秦諸子提出的「正名」問題至今，尤其是現今「君不君、臣不臣、子不子」等社會亂象叢生，實根源於「位不其位」的正位問題，此一問題歸根究柢，實在是因爲不察名實的結果。就《公孫龍子》的「現代性意義」而言，的確有重新反省、檢討的必要。在此重新反省、檢討的過程中應格外留意，公孫龍子並非純粹的邏輯學家，而是政治理論家或政治改革家。

參考書目

1. 汪奠基著，《中國邏輯思想史料分析》，台北，仰哲出版社。
2. 伍非百著，《中國古名家言》，北京，中國社會科學出版社，1983。
3. 柴熙著，《認識論》，台北，台灣商務印書館，民國 80 年。
4. 崔清田主編，《名學與辯學》，太原，山西教育出版社，1997。
5. 孫中原，《中國邏輯史》，北京，中國人民大學出版社，1987。
6. 蕭登福，《公孫龍子與名家》，台北，文津出版社，民國 73 年。
7. 李賢中，《先秦名家「名實」思想探析》，台北，文史哲出版社，民國 81

年。

8. William P.Alston 著，何秀煌譯，《語言的哲學》，台北，三民書局，民國
   59 年。

9. Aristotle.*Metaphysics*. in R.Mckeon（ed.） Basic Works of Aristotle. New
   York: Random House ,1941.

附錄二：《孟子》的人性論研究
——以認識論爲進路

壹、前　言

　　長久以來，學者對於《孟子》的研究，集中在一些範疇概念的分類與討論。例如吳康先生將《孟子》思想分爲「性善、仁義、知言養氣、形上觀念、教育、政治」六大類。〔註1〕這種思想分類容易使人以爲《孟子》思想過於瑣碎、割離，其實「性善論」是《孟子》學說的精神所在，〔註2〕透過「性善」命題的理解，即可通透《孟子》其他的思想。本文企圖從三方面入手：一、孟子道德認識論的內容包含自然人性與道德性關係的認識、人心有認識天道的能力、客觀的天命限制人的主觀能動性，以及孟子與告子對仁、義的認識觀點。如此認識論的進路展現孟子心學的可理解性，試圖提供關於「盡心」、「知性」、「知天」三者之關係的說明。而關於仁、義的區分，可說明道德判斷成立時，所需的內在、主觀的心理基礎與外在、客觀的形式條件。二、藉由人性論、修養論的討論來重新理解「性善論」的意涵，進而給予學界爭論不已的「本善論」和「向善論」一些回歸文本的客觀評判。三、西方倫理學概念的引進導致對於《孟子》道德哲學的傾向不明，一種代表的說法偏向於

〔註 1〕 參見吳康等著，《孟子思想研究論集》（臺北：黎明文化事業股份有限公司，民國 71 年），頁 2。
〔註 2〕 杜國庠先生認爲：「孟子的思想，可以用他書裡一句話來概括它，就是『道性善，言必稱堯舜』（〈滕文公〉篇上）。」引文見李錦全、李鴻生編，《杜國庠中國思想史論集》（汕頭：汕頭大學出版社，1997），頁 22。

康德的義務論；另一種則歸為效益論。筆者將提出另一種「情境論」的說法來解釋《孟子》文本，並結合義、利概念提出一種「善良倫理學」的觀點，藉以提供有別於傳統的另一種解釋《孟子》的新方向。

貳、本　論

一、道德認識論

（一）盡心、知性、知天

1、盡心則知天

孟子認為：「誠身有道，不明乎善，不誠其身矣！是故誠者，天之道也；思誠者，人之道也。至誠而不動者，未之有也；不誠，未有能動者也。」（〈離婁上〉）這段話的意思表示，修身之道首在「誠身」，因為「誠」是天之道最重要的概念，人若能「思誠」，則能修身，乃至於悅親、信友、獲上，最終「民可得而治也」。孟子強調透過「思誠」而「至誠」然後即可如前述一層層關係受到誠身的影響乃至於天下大治。所以說：「至誠而不動者，未之有也。」而誠的概念根本是「天之道」，因此孟子將人間大治的可能性來源歸於天。配合「心之官則思，思則得之，不思則不得。此天之所與我者。」（〈告子上〉）觀之，天賦予人心有「思」的官能，思則可得「誠」，然後以誠修身，乃至大治。所以孟子的「天」，根本是推動人倫道德的動力因，但它不讓人生而就必然會有實踐道德行為（善行）的結果。而是只賦予人類具有思誠的官能，但一般人要獲致「誠」這樣的抽象原則並不容易，所以孟子才要人先「明乎善」，從具體的善行中，思索出「誠」的道理。而「誠」可訓「眞」、訓「天」。〔註3〕天之道便是要人能夠思索出「眞實（誠）地」面對自己、朋友、親人、長上，如此人間才能充滿善行或道德行為，人與人之間的關係和諧、妥當，自然天下太平而不亂。所以人性並非「本善」（本然行善），而是要「盡心」（思誠），領會天之誠道，然後親身力行（誠身），一層層「至誠而動」，影響他人。前面已提及「心之官則思，……不思則不得」。又「思誠者，人之道也」、「誠者，天之道也」。這段說明了天賦予人思天之道（誠）的官能——心。所以人之道才有可能不悖離天之道。因而心的思慮作用便可作為溝通天與人之間的橋

〔註 3〕 胡適先生說：「眞字古訓誠、訓天、訓身，能代表此物的特性，故謂之眞。」引文見歐陽哲生編，《胡適文集 6》（北京：北京大學出版社，1998），頁 202。

椠。所以盡心應指努力思索善行，而後可得道德行爲必有「誠」爲「內在」基礎。另外，仁義禮智這些善行除了是天爵外，也是天使人「固有之也」（〈告子上〉）、「弗思耳矣」（〈告子上〉）。孟子曰：「仁義禮智，非由外鑠。」（〈告子上〉）可見，仁義禮智是天賜予人的東西，不是由外而來，而是人心所固有，只要「思」便可得到。故又曰：「求則得之，舍則失之。」（〈告子上〉）「求」便指「盡心」，亦即透過努力思索的過程。但仁義禮智表現在外是一種善行又如何與心聯繫而成爲天生固有、必然的事實呢？孟子以爲心若思及仁義禮智善行的結果，可找到人心的內在基礎。如「惻隱之心，仁之端也；羞惡之心，義之端也；辭讓之心，禮之端也；是非之心，智之端也。」（〈公孫丑上〉）原來仁義禮智這些善行的內在基礎在於萌生「惻隱、羞惡、辭讓、是非」四端之心。強調「端」的意思在於，描述一種人心所「呈現」的事實，這四端的萌發不假於外，而是人心所同然的事實。所以「思誠」，即思人心同然的「事實」，這四端也是天生固有的，是事實而非價值肯定，所以孟子又說：「心之所同然者何也？謂理也，義也。」（〈告子上〉）將內心的事實視同外在客觀之事實（理），又賦予其道德上的價值（義）。而仁義皆內的說法，其實指仁義善行皆以人心同然的內在之理爲基礎而實踐。因爲判斷人是否有仁義禮智的行爲，只能從外表之行爲判斷，所以謂爲「善行」。總之，盡心必須從努力「思誠」或「思四端之心」而得人心所呈現的事實，這些事實呈現即可通天之道的誠實無妄之理，所以「盡心」才得以「知天」。

2、知性則知天

「知性」的問題在《孟子》書中只能推敲其大致上的心態，並不能從文本中知道確切「性」的內涵。性與天道的關係最明顯表現在〈離婁下〉：「天下之言性也，則故而已矣。故者以利爲本。⋯⋯天之高也，星辰之遠也，苟求其故，千歲之日至，可坐而致也。」孟子認爲若想要解決時下討論的「性」內涵，只要能弄清楚「自然天道」（利、水、行其所無事）的含意（故）即可。他認爲論性只要從自然的事實即可，特別是從自然事實求其隱含的天道規律方可理解「性」。所以，求得了「故」，則「千歲之日至，可坐而致也」。在這層意義上理解，參照〈告子上〉的討論。孟子似乎在第一段文本中反對告子將人性與仁義二分如：「性猶杞柳也，義猶桮棬也；以人性爲仁義，尤以杞柳爲桮棬。」他覺得人性與仁義同屬「自然」的東西，沒有「人爲改造」的因素。而告子則認爲代表道德的「義」，是由改造自然人性而形成的產物。所以

兩者認識觀點上的差異在於，「道德是否從屬於自然的人性，亦或是後天社會化改造的結果」。第二段的「搏而躍之」、「激而行之」就是指人爲外力之介入，導致將人性歸於「不善」的結果。其實若順著人的自然之性（事實）而行，「則可以爲善矣！」（〈告子上〉）告子極欲將自然人性與道德二分，所以才說「人性之無分於善不善也」，在人性的理解上想要保持「價值中立」。而孟子卻硬是將「應然的善」與「實然的人性」混同爲一。第三段孟子從否定「然則犬之性猶牛之性，牛之性猶人之性」間接否定告子「生之謂性」的主張。言下之意，孟子認爲人性雖可從自然的事實開始，但不應只停留在已然之事實，而應思索到前面所言的「故」──天道規律。亦即人性雖有「口之於味也，目之於色也……」（〈盡心下〉）等狹義的自然事實，但思索何謂人性時，應知道突破其客觀的限制（命），肯定人除了狹義的生理之性，應反索之無形的「天道規律」，例如得到人有「天爵」的道德性潛能並依天道而行，不應只停留在人身上的口、目、耳、鼻之「性」的思索。所以性的意思，在這樣的理解下，應該蘊涵天道（即天爵的自然事實）在內。故曰：「知其性，則知天矣。」

（二）性、命的認識

孟子所說的「命」，若不與天區分，可以指「天命」。例如《詩》云：「永言配命，自求多福。」（〈公孫丑上〉）此處的「命」，便是指周朝的命運與「天命」相配合。所以可以進一步說命的根源來自於天。包含人的命運皆由天掌控。但是孟子卻嚴格區分天與命的不同，曰：「莫之爲而爲者，天也；莫之致而至者，命也。」（〈萬章上〉）天的界定指人所不能做到的事，只有天才能辦到。例如人不能一夜之間移山，而天可辦到。而命的意思是不應該產生的結果卻發生了，例如各種危難事件的發生。顯然天的意思強調人的主觀能力所達不到的部分，命則強調人無法預料的結果。當然這樣的結果直接由天所造成的。例如〈萬章上〉曰：「舜、禹、益相去久遠，其子之賢不肖，皆天也，非人之所能爲也。」所以命指的是一種「客觀」的結果，非人力所能預料，引申爲人主觀能力的「限制」。孟子提出「命」或儒家的「命」，更精確地說明了人有其客觀的限制而無法充分發揮其主觀的能動性。至少墨子「非命」擴大了人力之範圍，沒有指出人力的限制而孟子想到了現實層面的確存在著人力所不能及的部分。因此在「力與命」的問題上，墨子指出當時暴政、懶惰的原因是由於全推給了「命」，忽略了人有其積極能動性的一面，而孟子卻補充了人之能動性也有客觀的限制，完全「非命」是不合理的。可見兩家的

命觀並無矛盾或衝突,只是指出或強調不同的重點罷了。孟子於〈盡心上〉提出「殀壽不貳,修身以俟之,所以立命也」的說法。因爲既然瞭解命是一種人力所不能及的客觀限制,所以只好「存其心,養其性,所以事天也」、「修身以俟之」。因爲命的結果是天造成的不可逃避,索性就修己身來事天,等待天命的到來。孟子於此強調心、性上的道德修養來面對不可知的「命」。又孟子曰:「莫非命也,順受其正;是故知命者不立乎巖牆之下。盡其道而死者,正命也;桎梏死者,非正命也。」(〈盡心上〉)「知命者」是指瞭解客觀環境限制的人,就應該知道巖牆之下的危險性,這是人的主觀能力可以掌控的部分。人不要因爲知道客觀的限制而喪失主觀掌握現實的能力。就算知道天降災亡之命,也應該完善其道德生命(盡其道),而非死於刑戮。〈盡心下〉說:「口之於味也,目之於色也耳之於聲也,鼻之於臭也,四肢之於安逸也,性也;有命焉,君子不謂性也。仁之於父子也,義之於君臣也,禮之於賓主也,知之於賢者也,聖人之於天道也,命也,有性焉,君子不謂命也。」「君子不謂性」的「性」指「動物性」,亦即人的感官享受有其限制(有命焉),不可能無節制地一直安於享樂。而「君子不謂命」的原因其實指,就算掌握了客觀必然的限制,人仍應該繼續發揮主體的「道德性」(有性焉)亦即主觀能動性,不因命定限制達不到目標而歸咎於命,所以才說「君子不謂命也」。「有性焉」強調發揮人主觀能動的「道德性」而非滿足口、目、耳、鼻感官的「動物性」。總結前述,孟子提出「立命說」,目的不只是強調「有命」,而是勸勉君子不因一種客觀形勢的限制或不定,而放棄行道的決心。所以命的提出其目的在於彰顯道德性的重要,人的道德生命應該在主觀能動性發揮下(不立乎巖牆),或人的理智可控制的範圍下而得到延續;甚至人應不計客觀形勢之險惡(死亡),也應發揮道德性行道。顯見人的道德生命高於一切的客觀限制,或可謂「性的價值高於命的限制」。

(三)仁義內外

孟子較深刻的道德認識論表現在與告子對於仁義認識觀點的不同。告子主張「仁內義外」之說,而孟子則反對告子之說而主張「仁義皆內」之說。從孟子心學預設「仁義禮智,非由外鑠我也,我固有之也」(〈告子上〉)與「君子所性,仁義禮智根於心」(〈盡心上〉)來看,仁義皆是人心「內在」的善端。可是就告子的觀點而言,告子顯然認爲道德判準必須依賴「外在」的形式條件例如:「彼長而我長之,非有長於我也;猶彼白而我白之,從其白於外也,

故謂之外也。」（〈告子上〉）告子認爲人之所以會尊敬年長的人，其道德判斷完全源於「外在的年齡」因素。但孟子接著分析「不識長馬之長也，無以異於長人之長與？」（同上）認爲尊敬（長）這個概念在老馬與老者之間有內在的差異，即我們對他們的「尊敬心」並不相同。孟子更是質問告子：「且謂長者義乎？長之者義乎？」（同上），究竟道德判準源於外在客體的「長者」，還是內在評判主體的「長之者」心態？孟子將道德判準全歸於內在的、主觀的心，而告子卻歸於外在的形式條件。從「非有長於我也」可知，告子已經反省到對長者的「尊敬心」，並非來自先天固有的道德心，而是來自「彼長而我長之」的後天「社會化」結果。告子顯然不認爲「敬長之義」有任何先驗的心理基礎，所以兩人的論辯衝突根本在於兩種道德判準的預設或信念之不同。

孟子曰：「仁，人心也。義，人路也。舍其路而弗由，放其心而不知求，哀哉！」（〈告子上〉）從這段話可以區分仁、義的不同之處。孔子論「仁」，是指「人心內部之情意與態度」，〔註4〕依此意義，「仁」只是人心內在的自然情感與意向的流露，這是一種人人皆固有的心理現象。但是「義」在《孟子》中，並非只是人諸多心理現象之一的內在「羞惡之心」（〈告子上〉）而已。另一意義表現在如「人路」這樣的外在規範意義上。意即「義」具有指導人們向善的規範功能。但「義」依照《中庸·哀公問政》「宜也」的定義，又是一種道德判斷的意思。而道德判斷是一種對心理信念或價值的肯認（唯），〔註5〕這部分屬於人心主觀的認識內容，當然涉及孟子所謂的「義內」。但是告子將道德判斷的依據歸於外在的「情境脈絡」（長）確是屬實，因爲道德判斷必須觀察外界人的實際情況才能判定。例如孟子與公都子的答問（〈告子上〉），孟子也承認「敬長」（敬叔父）的道德判斷會有例外，如遇到「弟爲尸」、「在位故也」這種特殊狀況，道德判斷便須依外在的實際狀況而有所調整。但是在心理上也必須形成「在位」優於「長者」的道德判斷。所以若肯定「義」是一種因外在情境條件而有的道德判斷，就必須承認有內在的心理價值與外在的實際情境兩方面的考量。

「義」原來只是心理上的道德判斷或選擇，但若將此心理上的道德命題行諸語言文字甚至如孟子推廣曰：「親親，仁也；敬長，義也。無他，達之天下也。」（〈盡心上〉）這樣「義」才成爲公開、外在的道德規範。所以孟子與告子兩人對於「義」的認識，皆可說只知一半而未得其全貌。

〔註4〕引文見錢穆著，《中國思想史》（台北：蘭臺出版社，民國90年），頁13。
〔註5〕如《公孫龍子·名實》的「正名唯謂」概念。

二、性善論

（一）動物性與道德性

〈滕文公上〉曰：「孟子道性善，言必稱堯舜。」此段的文字可表示《孟子》確有「性善論」的說法。但究竟「性」的意涵是什麼？人性「本善」還是「向善」？這些仍是有待解釋、分析的問題。從文本直接與「性」字有關的文字線索觀之，孟子所說的「性」至少有幾個含義。一種是告子所謂的「生之謂性」的說法。例如〈告子上〉提到的「牛山之木」，孟子說：「人見其濯濯也，以爲未嘗有材焉，此豈山之性也哉？」又如〈告子上〉曰：「是豈水之性哉？其勢則然也。」這兩段所指的「性」皆可作「本性」理解，即指「人生而有之的本質部分」。但是孟子的人性論特別之處不在於繼承一般「本性」的說法，或「……四肢之於安佚也，性也」（〈盡心下〉）這種口、目、耳、鼻之性。而強調「人之所以異於禽獸者幾希！庶民去之，君子存之。」（〈離婁下〉）孟子想要指出人除了「動物性」之外，更有「道德性」的成分。而以道德性來界定人性的部分，必須從上述「以心善來界定性善」的文本線索來看。而孟子不能贊同告子「生之謂性」的狹義看法，可從「然則犬之性猶牛之性，牛之性猶人之性與？」（〈告子上〉）所得到的否定性結論，進而否定「生之謂性」的看法。只是《孟子》在文本中使用的「性」字，顯然認可人有口、目、耳、鼻之性，因此我們可以推知孟子並非只強調人性的道德性方面而完全排斥動物性。換言之，「人性是人與生俱來的屬性，但不是與生俱來的屬性都是人性。」〔註6〕應理解、修正爲「與生俱來的屬性（動物性）雖是人性的一部份，但人性尚包含另一部份的道德性」。此道德性即指「性善論」，而《孟子》說明的筆法是「以心善言性善」。

（二）以「心善」指證「性善」

陳大齊先生曾指出：「孟子所說的心，有許多次係專指性而言。」如〈盡心上〉：「君子所性，仁義禮智根於心。」把性的四種內容解釋成「莫不以心爲根，莫不自心發生」。藉此順道可說明〈公孫丑上〉與〈告子上〉所說的「惻隱之心」、「羞惡之心」、「辭讓之心」、「是非之心」是仁義禮智或仁義禮智的開端，而這四端「猶其有四體也」是「人皆有之」，堪稱人之本質的「本

〔註 6〕 引文見翟廷普著，《孟子思想評析與探源》（上海：上海社會科學院，1992），頁 107。

性義」，故「所云心必專指性」。〔註7〕另外〈告子上〉所說的「豈無仁義之心哉？」、「其所以放其良心者」與「此之謂失其本心」三者皆指「此豈山之性也哉？雖存乎人者……。」似乎將「山之性」比擬成可以「存乎人者」的「人之性」，即「仁義之心」、「良心」。又「人見其禽獸也，而以爲未嘗有材焉者，是豈人之情也哉？……惟心之謂與？」上述的才、情皆指謂人的仁義之心、良心這些善良的本質，而「惟心之謂與」更證明了人心本然的內容即指人之「性」。在此，我們所提的「性善」順著前面界定的「人生而有之的本質部分」發展，「心善」指陳的內容正符合此一「性善」的定義。〔註8〕具體而言，孟子以「心善」描述人性所呈現的普遍現象，有許多例子如：「君子之於禽獸也，見其生，不忍見其死；聞其聲，不忍食其肉。」（〈梁惠王上〉）又：「人皆有不忍人之心……所以謂人皆有不忍人之心者，今人乍見孺子將入於井，皆有怵惕惻隱之心。」（〈公孫丑上〉）再如：「蓋上世嘗有不葬其親者，其親死則舉而委之於壑。他日過之，狐狸食之，蠅蚋姑嘬之。其顙有泚，睨而不視。夫泚也，非爲人泚，中心達於面目。蓋歸反虆梩而掩之，掩之誠是也。則孝子仁人之掩其親，亦必有道矣。」（〈滕文公上〉）從上述「於心不忍」的情形可知，「不忍人之心」是人類本性具有道德性的發端即「仁」，此道德性正是作爲一個富有道德修養的「君子」應萌發的善端。孟子的「性善」例證，除了上述的「心善」例證外，尚有「孩提之童」實有的「良知」、「良能」可爲例證。此良知、良能並不限於純潔樸實的孩童，仍包含由孩童長大之後的成人。如：「孩提之童，無不知愛其親者，及其長也，無不知敬其兄也。親親，仁也；敬長，義也。」（〈盡心上〉）可見性善論具體的德目是「仁、義」，而性善的對象並非專指「人之初」的孩童，尚包含成人在內。於是「性善」此一命題具有普遍性，孟子並非只是將「性善」放在一理想的「信念」架構下而已，而是從這些人性的發展過程中清楚地掌握從幼童乃至成人自然流露的「人性事實」。〔註9〕換言之，人之性善具有事實或心理依據，並非無的放矢的空論。

〔註7〕 以上引文可見陳大齊著，《孟子待解錄》（臺北：臺灣商務印書館，民69），頁11。

〔註8〕 此亦即徐復觀先生之見：「孟子所說的性善，實際便是心善。」引文見《中國人性論史·先秦篇》（臺北：臺灣商務，1999），頁163。

〔註9〕 徐先生也認爲：「孟子並不是認爲人性應當是善的；而是認爲人性實在是善的。」引文同上註，頁164。

（三）人性本善與人性向善

孟子只有「道性善」但並未直接主張「人性本善」或「人性向善」，這樣的文字至少在文本中未曾出現。但「性善」是個很含糊的概念，隨著「生之謂性」強調人的初生狀態後，性善的基本理解便成了「人之初，性本善」。但這樣的理解卻無一系統性的哲學釐清，我們可藉由文本線索逐一釐清這個爭論。

從「心善指證性善」的文本說明，我們可得知「人性」是一個發展的歷程，包含孩童原初的「本性」與成人怵惕惻隱、不忍之心的心理呈現內容。只是成人善念的產生出於「對境而生」，而非隨時「一思」便可得，否則《孟子》的修養論（存心、養性、養氣）便不需要存在，只需要承認這種「仁義為人所固有，一念反省自覺，便能當下呈現出來」〔註10〕的單純看法。孟子雖說：「心之官則思，思則得之，不思則不得，此天之所與我者。」（〈告子上〉）但筆者以為「思」是一個深度的修養過程，並非隨便就能「湧現仁義」，這點由《孟子》的修養論主張即可證明。孟子雖說四端之心人皆有之，似乎人人皆有善性，於此理解，的確人的本質皆有善性，即「人性本善論」可以成立。但這裡所說的「本」字應解釋成「原初」之意，即孩童未受「陷溺」時所具有的善性。而成人的「本善」又應作何理解？顯然「人皆有之」包含善人與惡人。而惡人在孟子的文本，如「人皆可以為堯舜」（〈告子下〉）的提示下，惡人理應也有「善性」才可能成為堯舜。因為惡人也具有四端之心，只是因為「四端」並未萌發才行惡。如此將人放入一發展過程來看，才能解釋從原初具有善性到成人後發展成善人或惡人的情形。因為人性本善論面臨的最大問題即是「如何合理解釋惡人的存在事實」。綜合觀之，本善的「本」字，雖是指人有善性的本質特性或原初性，但此一本質隨著後天環境的各種「陷溺」或「弗思」，〔註11〕漸漸隱而不顯，以致於「善端」不發而導致為惡。善人須有一修養持志的過程才能確保行善。由此人性的發展而論，人初生為童雖有善性但不能長保，須配合其他的修養過程才能保有善性。由此漫漫的發展過

〔註10〕 參見蔡仁厚著，〈孟子心性論之研究〉（收錄於吳康等著，《孟子思想研究論集》，臺北：黎明文化事業股份有限公司，民國71年），頁65。

〔註11〕 人所具有的善性可能因為「陷溺」而丟失，如孟子曰：「富歲，子弟多賴；凶歲，子弟多暴，非天之降材爾殊也，其所以陷溺其心者然也。」（〈告子上〉）也可能因為「弗思」而喪失，如孟子曰：「仁義禮智，非由外鑠我也，我固有之也，弗思耳矣。」（〈告子上〉）

程人人可能蘊含的「善端」情況，我們可以將人性本善論理解成一種人人具有善性的「潛能」，但卻不一定都有行善的行爲結果出現。但是《孟子》思想從個人心性乃至政治領域莫不以「仁義」爲志，至少孟子傾向於人性可以爲善，此即人性向善論的說法。

　　人性本善論作爲一種潛能來理解，即爲人性向善論的成立基礎。因爲若人性不蘊含善性，又如何可能爲善去惡？再者孟子說：「故王之不王，不爲也，非不能也。」（〈梁惠王上〉）肯定爲善可以實現，並非如「挾太山以超北海」般不能實現。孟子先提出人有爲善的潛能又肯定爲善可以實現，再加上一連串人性發展過程所需配合的修養論，目的在於彰顯由潛能到實現善行的過程，使人性走上向善一途，但向善之路必有一先決條件，即配合一定的修養論。孟子的人性向善觀點如下：「人性之善也，猶水之就下也。人無有不善，水無有不下。今夫水，搏而躍之，可使過顙。激而行之，可使在山。是豈水之性哉？其勢則然也。人之可使爲不善，性其猶是也。」（〈告子上〉）這段話說明了人的本性只有一種唯一的發展就是「向善」。而「人之可使爲不善」也是因爲「其勢則然也」。換言之，只有透過外力的介入（搏、激），才能違反人必然向善的特性，導致「可使爲不善」。「爲不善」的同義詞是「行惡」，從這段話孟子肯定「人之可使爲不善」非人之性而是有外力介入導致違反人性的必然結果，配合文本可推知「人行惡非人性自然發展下的結果」，則進一步可知「行善是人自然發展下的結果」。將此「自然之勢」肯定爲「必然」的結果。於是就人必然行善的結果來看，人性宛如水一般慢慢向下流，最終趨向於「善」就如水最終趨向於「下」。此處的「向」指一種趨力或傾向。因爲「人之可使爲不善」的「使」，即可解釋爲有某種趨力驅使人導向「不善」的結果。孟子說的「可欲之謂善」的「欲」即指這種因人之欲產生使人向善的趨力。這種「欲」有內在的心理基礎，即前述心善的具體內容（不忍之心、四端）或可稱爲「情」。〔註12〕如：「乃若其情，則可以爲善矣，乃所謂善也。」（〈告子上〉）「若」可解釋爲「順」，〔註13〕意即「若順從內心產生的自然趨向發展，最終則可以爲善。」這裡的「情」表示人產生了向善的內在趨力，但不必然

〔註12〕「情」字之理解可參照《說文》：「情，人之陰氣有欲者。」段玉裁注曰：「董仲舒曰：『情者，人之欲也。人欲之謂情，情非制度不節。』」可見情與欲有相似性關係。

〔註13〕《說文解字注》曰：「毛傳曰：『若，順也。』」

爲善，必須有一套修養過程配合，所以孟子才說「可以爲善」而不說「必然爲善」。「可以」表示一種「向善」的可能。總之，「欲」、「情」皆指謂向善的趨力或指向性，而趨力的產生代表向善的可能或內在基礎，趨力的解釋更是「向」字的解釋明證。

前述的「心善」以人的內在基礎而言，作爲人向善的潛能、趨力。另外，孟子在具體的外在目標、典範方面也有提及。例如：「大舜有大焉，善與人同，舍己從人，樂取於人以爲善。」（〈公孫丑上〉）這段說明「向善」尚包含外在的形式規範，連同舜也學習別人的道德行爲，修正自己的行爲導向別人所採取的道德標準。當然，孟子並不指望人民皆能像舜那樣擁有道德自覺的能力，而是透過「明君制民之產，必使仰足以事父母，俯足以畜妻子，樂歲終身飽，凶年免于死亡；然後驅而之善，故民之從之也輕。」（〈梁惠王上〉）從政治上的養民措施將人民引導上善良之路，其中「驅而之善」亦是向善論的明證。

（四）以修養論確保人性向善與本善

人性本善論說明了人有向善的可能，但隨著環境的「陷溺」或「動心忍性」的情形，本具的善性可能隨之消失。所以有必要配合一些修養的工夫確保能夠一直朝著善的歸向而去。孟子在修養論方面告誡「士」人應「尚志」，尚志可謂人性向善論的最高原則。「志」依朱子「心之所之」〔註14〕理解即指「向」善的趨力，與前述的「欲」同具有意向性或指向性。心向什麼目標前進才是善呢？王子墊問：「何謂尚志？」孟子回答：「仁義而已矣。……居仁由義，大人之事備矣。」（〈盡心上〉）可見仁義應是人性向善的具體歸向。問題是如何才能使心常向仁義的方向而去？進而確實行仁義而不失本心？孟子提出了「先立乎其大者，則其小者不能奪也。」（〈告子上〉）大者可以解釋成「志於仁義」；小者則指如貪口腹之欲的「飲食之人」所受到物欲的誘惑而喪失大志。顯然孟子要人「心志於轂」（〈告子上〉）採取高規格的道德要求才能「立乎其大者」。人性向善論既然建立在人性本善論上，則欲人向善，當知先明乎本善，欲明乎本善，則要反思心具有的各種善性。此即「誠身」的工夫，而誠身首要之務即「明善」，故曰：「誠身有道，不明乎善，不誠其身矣。」（〈離婁上〉）所謂的「明善」則應指明瞭內在的仁義之心是人「可欲」的對象，如此才有向善的可能。而這些可欲的仁義之心是人性最眞

〔註14〕朱子曰：「心之所之謂之志。」引文見朱熹集註、蔣伯潛廣解，《四書讀本 論語》（臺北：啓明書局），頁14。

實的呈現，這點必須透過心之官「思之」（反省）。除了「志」可影響心性外，孟子認爲「氣」也可能影響心的活動。如：「志壹則動氣，氣壹則動志也，今夫蹶者、趨者，是氣也，而反動其心。」（〈公孫丑上〉）志與氣彼此交感而導致心的波動。因此孟子爲避免善心受到影響提出「持其志，無暴其氣」（〈公孫丑上〉）的工夫論。孟子認爲「其爲氣也，配義與道；無是，餒也。是集義所生者，非義襲而取之也。行有不慊於心則餒矣。」（〈公孫丑上〉）可見孟子「養氣」的目的在於擔心至大至剛的道德之氣因無「配義與道」或因爲「行有不慊於心」而趨於疲弱，這點與前述的「陷溺」情況一致。可見孟子的養氣論目的在於確保道德之氣「無餒」。而將「浩然之氣」視爲道德之氣是由於氣「是集義所生者」，義與仁同屬孟子心學的最高德目，構成人內在的道德情操或本具的善性。另外如〈公孫丑上〉曰：「凡有四端於我者，知皆擴而充之矣……。」或曰：「人能充無欲害人之心，而仁不可勝用也；人能充無穿窬之心，而義不可勝用也；人能充無受爾汝之實，無所往而不爲義也。」（〈盡心下〉）這兩段文字的「擴」、「充」皆與養氣論的「餒」相反，旨在提醒人時時將仁、義塡滿人的道德之心，確保人的善性（善心）不受減餒，這樣必然能心存善心而向善、行善（爲義）。

三、人性論的倫理學意涵

（一）義務論與效益論

《孟子》的倫理學順著孔子「罕言利」（《論語‧子罕》）、「放於利而行，多怨」（《論語‧里仁》）的態度，再加上《孟子》開章明義曰：「王何必曰利？亦有仁義而已矣。」（〈梁惠王上〉）導致學者們多將其倫理學型態判爲以仁義內在、自發產生的「義務論倫理學」。例如孟子說：「由仁義行，非行仁義也。」（〈離婁下〉）這段話的「由仁義行」被理解爲「循由內在本有的仁義而行，亦即依內在的道德心性而行。這是道德心性自發命令的自律道德，這樣的道德才是有根的」。〔註15〕因爲「自律道德」是義務論的判準，而仁義皆發自內心非由外鑠。所以孟子心學以仁義內發的倫理學，因「自律」概念的產生便無可懷疑地成爲義務論的倫理學。雖說孟子學富有濃厚的義務論色彩，但是義務論型態的倫理學並不排斥出於義務伴隨而生的效益論型態的倫理學。孟子的義利之辨「重義斥利」，這裡的「義」屬「公義」即孟子所述《春秋》之

〔註15〕引文同註10，頁72。

「志」，而「利」屬「私利」並非「公利」，所以存在著普遍與特殊之利的區分。效益主義考量普遍整體的百姓之利，並非以個人私利為考量的「自私自利主義」（egoism）。因此從「宋牼將之楚」（〈告子下〉）之例來看，倘若宋牼「以利說秦楚之王，秦楚之王悅於利」，則將導致「君臣、父子、兄弟終去仁義」，最終國家覆亡。鑑於此，孟子認為君臣、父子、兄弟這些個人之利必不可使之蔚為風尚，否則國家必亡，因此孟子排斥「私利」主要鑑於政治效益方面的考量。相對地，從「公利」出發的例子如：「樂民之樂者，民亦樂其樂；憂民之憂者，民亦憂其憂。樂以天下，憂以天下，然而不王者，未之有也。」（〈梁惠王下〉）又曰：「王如好色，與百姓同之，於王何有？」（同上）可見以「民之所欲」（公利）為道德要求往往會為君王帶來最大的利益。另參見「老吾老，以及人之老；幼吾幼，以及人之幼。天下可運於掌。」（〈梁惠王上〉）孟子重「公利」的直接結果——導致天下大治，可謂滿足君王之「私利」。所以在政治運作方面，孟子強調投民所好可謂效益論者，但在個人心性方面則好似義務論者，強調以仁義為道德行為的根源，特別指君王或上層階級應具此仁義之心，而下層百姓不一定要有這種道德自覺之心。故曰：「無恆產而有恆心者，惟士為能。若民，則無恆產，因無恆心。苟無恆心，放辟邪侈，無不為已。」（〈梁惠王上〉）因此，以「有恆心」的出於義務的「士」與一般民眾以「恆產」之利為考量的情況並不相同。對「民」而言，「利」（恆產）的重要性顯然大於「義」（恆心）。因此士階級較可能具有義務論的行為，而民卻只重「私利」。經由以上討論可知，《孟子》的義務論應只適用於君王或士這些上層階級，而民則是以「私利」為重。不過，因為君王「好仁義」這種出於義務的行為，最終卻可帶來整體國家最大的利益（公利、天下大治），故該行為不僅不為孟子所反對，反而受到重視。因此孟子的義務論與效益論可並行不悖，不至於互相排斥。

（二）動機論與結果論

一般而言，若未注意到孟子的人性論（仁義內在）是一種實然的事實現象，便容易以為仁、義、禮、智這些德目只是基於理想而設的應然判準。順此而論，孟子學似乎只具濃厚的理想色彩而違反人性的事實。的確孟子曾說：「大人者，言不必信，行不必果；惟義所在。」（〈離婁下〉）又曰：「若夫成功則天也。君如彼何哉？強為善而已矣。」（〈梁惠王下〉）這些強調「義」、「強為善」的概念確實使人相信孟子學「只重動機而不重結果」或忽視現實的客

觀限制，但從孟子文本而言，動機的形成是來自於觀察事實產生的結果，而且動機與結果同樣是判斷人事的考量因素，此即「志、功」問題。

從〈滕文公下〉彭更與孟子的談話可證明孟子判斷人的行為並非只重動機而不問結果。如曰：「有人於此毀瓦畫墁，其志將以求食也，則子食之乎？」曰：「否！」曰：「然則子非食志也，食功也！」這段故事描述彭更堅持「士無事而食，不可也」，孟子認為只要行為是在動機良善之下有功於社會且最終得到應有的待遇（結果），這樣的行為也是被允許的。而「有人於此毀瓦畫墁」比喻道德動機訴諸實踐後，也應評量其後果、效益如何。

（三）情境倫理學與善良倫理學

前面稍有提到孟子道德原則的產生採取「對境而生」的方式。以心性論為例，各種道德原則出於孟子對人性實際情況的理解。從「乍見孺子將入於井」、「牛山濯濯」、「水之性」、「孝子仁人之掩其親」各個例子的分析，逐一推衍出各種道德原則。又從經學史講述孟子傳《春秋》之志而看《春秋》筆法「借事明義」，皆由具體的事例描述兼論各種道德判斷。又從孟子重視「權」，即「男女授受不親，禮也；嫂溺，援之以手者，權也。」（〈離婁上〉）可知孟子特別在道德情境方面設下更有彈性的調整機制。意即道德判斷的形成相對於個別特殊的情境，難以單憑某個既有的道德律則放諸四海而皆準。基於個別事例而生的道德原則較具有時空的合宜性，或可謂「禮，以時為大」（《禮記·禮器》）。這種型態的倫理學即「情境倫理學」。

末了，筆者提出一種義務論的心理基礎——善良倫理學。石里克先生（Moritz Schlick）認為：「道德行為也起源於快樂和痛苦。人類之所以高尚，就是因為他以道德行為為快樂；道德價值之所以處於這麼高的地位，就是因為它意味著最高的歡樂。價值不是凌駕於人之上的，而是就在人之中的；為善對人來說是自然而然的事。」〔註16〕善良倫理學以「快樂」為道德判準，意即引起個體心理上的快樂反應為道德行為的基礎。所以善良倫理學不同於義務論而以利己主義為原則。石里克指出在至善至美的階段，「你做正義的事，不是因為這樣就合乎道德，而是因為這樣就確證了你的樂趣。」〔註17〕以個體的「樂趣」為道德行為的心理基礎用以區別與康德義務論主張倫理價

〔註16〕引文見（德）莫里茨·石里克著、孫美堂譯，《倫理學問題》（北京：華夏出版社，2001），頁156。
〔註17〕同上註，頁57。

值和快樂、痛苦毫無關係的不同。而孟子所說的「故理義之悅我心，猶芻豢之悅我口」。(〈告子上〉) 或「樂民之樂者」、「憂民之憂者」、「所欲與之聚之、所惡勿施爾也，民之歸仁也。猶水之就下、獸之走壙也。」(〈離婁上〉) 這些文本線索顯示道德規範（仁義）能引起個體的快樂（悅），而施政以人民的快樂、痛苦為考量往往可以「王天下」，得到最大的效果。而且為善就如「水之就下」、「獸之走壙」那樣的「自然而然」。因此，孟子在說明或描述人的道德基礎時，確實掌握了人性之善莫不引起個體心理的快樂或痛苦為倫理價值的根源。於是這樣的善良倫理學不同於毫無心理基礎或內容空洞的義務論倫理學。雖說孟子學似乎有前述「形式上」的義務論色彩，但孟子論證人性指出許多實例，證明人皆有行善的道德潛能，而非如義務論般毫無道德的依據，只能訴諸「絕對」（無上命令）這種空洞的概念，因而孟子倫理學的型態應屬具有心理基礎的善良倫理學，而非空洞的義務論倫理學。

參、結　論

本文道德認識論的提出，主要欲對《孟子》心、性、命、天概念的連結，提出一合理的說明。傳統「盡心」、「知性」、「知天」三概念以邏輯蘊涵的關係來解釋，似乎盡心才可知性，知性後才可知天。其實，依照文本的線索考察，「誠者，天之道」，人能夠透過「心之官則思」的「思誠」能力來反索天道誠實無妄之理。另外，「四端之心」亦是天爵，即天賜予人固有的德性，也可作為人與天的連結點。所以「盡心」實可「知天」，無須透過「知性」。而「知性」其實已經隱含「認識仁義的道德性亦屬自然（天）的屬性，而非告子社會化改造的產物」，如此說明「知性」亦可「知天」的道理。關於仁義內外的問題，「仁」專指內在心理的情意，代表人心實然呈現的內容，所以仁不只是規範的德目，而是具有心理基礎。而「義」則涉及道德判斷的依據，就道德判斷而言，孟子與告子皆只偏向一方，考慮並不周全，因為道德判斷的依據應包含內在的心理肯認與外在的形式條件兩部分。〔註18〕

本文主要以《孟子》人性論為研究的核心，因為其他餘論皆與性善論息

〔註18〕這點與郭沫若先生認為「仁與義都須有主觀與客觀的條件，二者偏廢即不能成其為仁義」不同。引文見其著，《中國古代社會研究》（石家庄：河北教育出版社，2001），頁 849。因為仁完全由主觀條件決定，即人的主觀情感產生的心理現象，所以完全屬內在的領域。而義則兼含內、外。

息相關。孟子提出性善論藉由動物性與道德性的區分，反對告子純粹以「生之謂性」的動物性定義來界定人性，人性應有其特爲人所具有的「道德性」層面。但「道德性」（如仁、義）仍與動物性一樣具有自然屬性，亦即仁義道德仍然出於自然天成，並非如告子所主張的「人爲社會化改造的產物」。孟子以「心善」指證「性善」，即以人的實際心理現象或外在的道德行爲所關聯的心理現象來證明「人之性善」具有普遍性意義，以推擴至政治倫理層面的應用。但孟子認爲人心的善端本然固有，其普遍性原屬「倫理先天主義」，是一種「絕對觀念」，此先天的絕對觀念不從經驗而來卻帶有必然性，但孟子卻又舉「乍見孺子將入於井」與「孝子仁人之掩其親」兩個經驗例證，試圖從經驗中論證人心具有道德普遍性。如此又陷入「倫理經驗主義」以人類心理的實然現象以茲證明其立論。或許孟子心學中的絕對觀念其實只是如告子所見的「社會化」意義而已，而孟子本人只是不加反省全將善端視爲普世價值或絕對觀念。更何況孟子所舉的經驗例證可由其他「文化相對主義」的例證予以駁斥，證明的確存在著道德社會化的可能性。〔註19〕至於人性本善論與人性向善論若放入人格發展的過程中來看，則根本上似乎並無衝突，就如同錢穆先生的著作中兩說皆陳的情形。〔註20〕筆者以爲本善是一種向善的可能或成立的基礎；本善論著墨於人的心理具有的「善性」討論，而向善論以人潛藏的本善之性，在一連串的「發展」過程中，將行爲導引至善境。除了文本的「向善」證明外，「可欲之謂善」的「欲」與「尚志」的「志」皆爲一種「內趨力」，因爲「一種欲望就是人的一種愛好（disposition）。這一愛好使他的欲求得以指向一個完全確定的目標」。〔註21〕所以內趨力是一種人性向善的明確指標。馮友蘭先生認爲：「孟軻所謂性善，也還不是說，每一個人生下來都是

〔註19〕「倫理先天主義」、「倫理經驗主義」、「絕對觀念」三概念可參閱（德）埃德蒙德・胡賽爾（Husserl,E.）著，艾四林、安仕侗譯，《倫理學與價值論的基本問題》（北京：中國城市出版社，2002.1），頁 13～15。「文化相對主義」的例證如《墨子・節葬下》：「楚之南有炎人國者，其親戚死，朽其肉而棄之，然後理其骨，乃成爲孝子。」可見「孝子仁人」的概念並無絕對的觀念。

〔註20〕人性本善論可見〈孟子要略〉中的弁言，收錄於《四書釋義（二）》（臺北：中華文化出版事業委員會，民國 44 年）。人性向善論可見《中國思想史》（台北：蘭臺出版社，民國 90 年），頁 25～26。

〔註21〕石里克認爲「欲望」從語言上是一種「內趨力」或「愛好」。可參見同註16，頁 48。

道德完全的人。」〔註 22〕因為孟子的性善尚包含「向善」的發展過程，須有一修養過程的實踐才能確保人的「本善」之性不滅與「向善」的傾向不變。所以，修養論的出現即可表示人性並非天生而完滿，而須靠後天的持志、養氣一連串道德修養的工夫才可將人性的發展趨於完善。而孟子的道德理論並非全然與經驗絕離的先天理論，反而很重視「求則得之，舍則失之」（〈告子上〉）的後天努力實踐的過程。

另外，回應時下西風東漸而生、判的各種倫理學理論。首先，筆者以為特以所謂當代新儒家強調儒家是一種自律道德或義務論型態的倫理學觀念，他們認為「這樣的道德才是有根的」，這是一種毫無人性心理基礎的悖論。因為義務論無法解釋「道德行為或意識的根源、基礎為何」這類的問題。筆者認同石里克先生這樣的看法：「康德的絕對命令要求，人行為時完全不依賴他的愛好，因此這一要求完全是不可能的。康德的這一虛構與心理學的事實相衝突，因而對我們也毫無用處。道德行為要麼是根本不可能的，要麼是從天然的愛好中產生的。」〔註 23〕孟子「心善」的說明恰如其分地指出心理學的事實與天然的愛好。這是一種善良倫理學的型態，善良倫理學以利己或快樂的概念出發，除了引起個體情感或心理上的快樂外，「公利」這種效益論的立場訴諸群眾的普遍快樂反應，應能以善良倫理學取代純粹義務論倫理學的認識觀念。引申而來的提問是：為什麼儒學不能是效益論的倫理學，甚而利己主義型態的倫理學？又為什麼以「利」為考量的效益論其「境界」低於以「義」為考量的義務論？純粹出於自律的道德行為可能嗎？這些應是當今儒學得以令人信服所應急切省思的問題吧！

參考書目

1. 吳康等，《孟子思想研究論集》，臺北，黎明文化事業股份有限公司，民國 71 年。
2. 翟廷普，《孟子思想評析與探源》，上海，上海社會科學院，1992。
3. 陳大齊，《孟子待解錄》，臺北，臺灣商務印書館，民國 69 年。
4. （德）莫里茨・石里克著、孫美堂譯，《倫理學問題》，北京，華夏出版社，2001。

〔註 22〕引文見馮友蘭著，《中國哲學史（第二冊）》（台北：藍燈文化事業股份有限公司，民國 80 年），頁 83。
〔註 23〕引文同註 16，頁 50。

5. 錢穆，《四書釋義（二）》，臺北，中華文化出版事業委員會，民國 44 年。

6. 錢穆，《中國思想史》，台北，蘭臺出版社，民國 90 年。

7. 馮友蘭，《中國哲學史（第二冊）》，台北，藍燈文化事業股份有限公司，民國 80 年。

8. 錢遜，《先秦儒學》，瀋陽，遼寧教育出版社，1997。

9. 杜國庠著，李錦全、李鴻生編，《杜國庠中國思想史論集》，汕頭，汕頭大學出版社，1997。

10. 徐復觀，《中國人性論史・先秦篇》，臺北，臺灣商務，1999。

11. 郭沫若，《中國古代社會研究 下》，石家庄，河北教育出版社，2001。

附錄三：《春秋公羊傳》中的戰爭概念考察

摘　要

　　孟子曰：「王者之迹熄而《詩》亡，《詩》亡然後《春秋》作。」（《孟子·離婁》）由此可知，《春秋》之作起於「無王」造成的亂世背景。因而《公羊傳》才有「託王於魯」、「強王義」之用意。再者，長久無王的結果，直接致使「禮壞、樂崩」。於是《春秋》因應之道在於「正名」，或可謂《春秋》筆削魯史的筆法表現。故《莊子·天下》曰：「《春秋》以道名分。」因應上述無王與禮樂壞崩之情狀，孔子不忍而作《春秋》，欲撥亂反正，力挽頹勢。所以，本論文以「戰爭」為題，嘗試從《公羊傳》對於戰爭行為的價值評判，揭示孔子如何制「素王」之道以強王義，以及如何道名分以恢復禮制。全文分為三大部分：

　　壹、前言。先區分《左傳》與《公羊傳》著書立場的不同，因為立場的不同，而有《左傳》敘事、《公羊傳》明義之別。再則表明「正名」與《春秋》的內容——「禮、樂、刑、政」有關，強調「正名」為《春秋》之首要，表明各種戰爭型態的評價用語，亦是為了正名、止亂而作。最後則說明本文撰述之目的。

　　貳、本論。共分為三段：一、戰爭的條件與起源。首先從「社會的經濟生產力」與「國家的發展規模」兩方面探討得以興戰的條件。再則考察《春秋》戰爭的起因，顯然比起現代戰爭的動機還要複雜許多。其考察之用意，可說明春秋戰爭的獨特性與時代意義，同時這些因素亦可作為孔子微言大義所由生之歷史背景。二、《春秋公羊傳》的戰爭概念分析。藉由《公羊傳》的

戰爭概念分析，突顯春秋「借事明義，不必合於本事」之意。借事明義之旨，即明孔子所欲申之價值判斷，此屬倫理思想的討論範圍，或可謂申明種種規範化原則。此段討論的重點在於「戰、伐、圍、入」四種主要的戰爭型態。試圖考察其中的種種價值區辨原則。三、其他先秦著作對戰爭的看法。先從公羊家肯定孔子作《春秋》的立場，找尋《論語》與《春秋》在戰爭態度上的一致性關聯。再者，從後人所述公羊後學的孟子與荀子兩人著作，說明「《春秋》無義戰」、「尊王」與「王道不戰而勝」之理。由以上諸子之見，可知先秦在「非戰」的立場上極其一致。

參、結論。總結前文之重點、反省其中的哲學意義，並且申明春秋筆法之特色。

關鍵詞：春秋公羊傳、戰爭、價值判斷、規範、禮制

壹、前　言

　　《春秋公羊傳》所列傳文，顯然與《左傳》所載大異其趣，而有《左傳》敘事，《公羊傳》明義之別。因此，而有《左傳》、《公羊傳》著書立場的不同。《左傳》所載屬事實陳述；而《公羊傳》內容則是隱含在事實陳述背後的深義。若以《左傳》的角度來看，戰爭的內容只是指國與國之間的交戰情況，而《公羊傳》的闡釋方可揭示《春秋》經文所載，關於戰爭型態細膩的分析。例如，戰、伐、入、圍、侵……等等。這些戰爭型態的區分，在形式上，皆屬一種軍事行動，但在具體的內涵上，實際表示各種不同的價值判斷，或是因禮而訂的軍事行動。所以，以《公羊傳》為本的研究，才能掌握到春秋時代獨特的精神文明。但是，「戰爭」在一般常識中的印象，似乎只是殘酷、野蠻行為的代名詞；不同於此，在《春秋》中，戰爭的型態不只透露出中國古代的「重禮」傳統，尚包含了中國人高度的政治智慧。正如錢穆先生所說：「當時的國際間，雖則不斷以兵戎相見，而大體上一般趨勢，則均重和平；守信義。外交上的文雅風流，更是表顯出當時一般貴族文化上之修養與瞭解。即在戰爭中，猶能不失他們重人道、講禮貌、守信讓之素養，而有時則成為一種當時獨有的幽默。道義禮信在當時的地位，顯見超出於富強攻取之上。」〔註1〕因此，戰爭在春秋時代表現出「重人道、講禮貌、守信讓」的人文價值，有別於現代戰爭所求的「富強攻取」；亦說明了孔子藉以褒貶的「微言大義」。

　　《公羊傳》哀公十四年云：「君子曷為為《春秋》？撥亂世，反諸正。」此段話反應出，孔子晚年，當時的天下已失去了「道義禮信」，呈現出一片紛亂的局面，因而孔子不得不作春秋，欲撥亂反正、力挽頹勢。而撥亂反正必有一相應的判斷標準，這個標準便是孔子所重視的禮制，亦是《春秋》大義所在。針對當時君不君，父不父，子不子的亂象，政治上的作為以「正名」為要，所以孔子說：「名不正，則言不順；言不順，則事不成；事不成，則禮樂不興；禮樂不興，則刑罰不中；刑罰不中，則民無所措手足。」（《論語·子路》）又《禮記·樂記》曰：「故禮以道其志，樂以和其聲，政以一其行，刑以防其姦。禮樂刑政，其極一也。」可見，正名的內容直接與「禮樂刑政」發生關係，而「禮樂刑政」都涵括在《春秋》的範圍內。例如歷來研究《春

〔註1〕引文見錢穆著，《國史大綱》（台北：台灣商務印書館，1996），頁71。

秋》的學者，將《春秋》視爲禮書、刑書、王法書之類。〔註2〕總而言之，孔子的確是以「禮」來道《春秋》之志，而具體的政治主張是以「正名」爲當務之要。故《莊子·天下》曰：「《春秋》以道名分。」

　　本文撰寫之目的在於透過《公羊傳》對於一些戰爭型態的分析，呈顯出在春秋亂世的戰事中，亦隱含著禮制，以及孔子關於正名所使用的價值判斷，進而表現出春秋大勢，一方面呈現混亂的狀態，另一方面卻已發展出細膩的文化素養，即使在戰爭中，亦征伐有節、兵陳有禮。戰爭的發生確是亂世的直接指標。但發生在春秋之戰事，卻並非全然蠻暴、殘酷，相反的，不時傳出「重仁義、講禮貌、守信讓」之佳話。此爲春秋戰事獨特的人文價值，一方面反應禮制之可貴，一方面有別於現代戰爭不擇手段只爲「求勝」的目的。

貳、本　論

一、戰爭的條件與起源

　　本文所討論的戰爭，是指實際上兩軍交戰的武裝衝突。但在當時的各項環境下，要發展成戰事（warfare）必須要有兩項要件：一、社會生產所儲存的剩餘經濟力量，足以發動一場戰爭。其二，國家的發展得以加速。〔註3〕《春秋》所載五十餘國中，有能力發動戰爭者皆屬大國。唯有大國才可滿足上述兩大條件。〔註4〕因此，主戰國必須受到國力強弱的限制。另外軍隊出征的時機，亦受農時的限制，此項因素亦爲禮制。〔註5〕

　　從春秋二百四十二年間「弒君三十六，亡國五十二，諸侯奔走，不得保

〔註2〕研究《春秋》的學者強調《春秋》義例、筆法皆是因「禮制」而立。強調《春秋》爲「禮書」的觀點如清代徐廷垣曰：「是以韓宣子適魯見易象與魯春秋歎曰：『周禮盡在魯矣。』……故左氏發凡曰謂之禮經，言春秋凡例皆周公所制禮經。」再者，視爲「刑書」的觀點曰：「《春秋》孔子之刑書，誅死者於前，懼生者於後。」引文見清·徐廷垣著，《春秋管窺》（收錄於欽定四庫全書·經部五，臺北：藝文），頁1、2。

〔註3〕艾文·托佛勒、海蒂·托佛勒著，傅凌譯，《新戰爭論》（台北：時報文化出版企業有限公司，1994），頁40。

〔註4〕春秋初期的一「國」只限於一城，與現今政治學上之「國家」概念並不相同。關於春秋時代的國家概念可參考同註1，頁65、66。

〔註5〕莊公八年經文：「甲午祠兵。」《解詁》：「將出兵，必祠於近郊。」此事件發生在春天，實已違禮。因爲春天是播種的時節，不應行祠兵之禮；因此軍隊出征必受農時之限制。

其社稷者不可勝數。」〔註6〕此等慘烈的情況看來，《春秋》的亂象可分爲兩方面，一、列國內亂，指「弑君三十六」。二、諸侯兼并。指「亡國五十二」。其中，列國內亂的原因在於爭奪權位而起的殺戮。而諸侯兼并直接表現在戰爭行爲上，即本文所討論的戰爭型態。相應於不同的戰爭型態，就有不同的目的，當然這些目的，如滅人國家、因無禮而討伐、或經濟、戰略上的利益亦指出了諸多不單純的動機。從戰爭的動機來分析，足以顯示出古人思想的縝密與獨特的價值觀。現代國與國之間戰爭的動機雖然也有很多，大抵而言不外是戰略、經濟、宗教、民族因素；相對於此，春秋時代開戰的動機卻是因爲信義（盟約）、世仇、禮制、政治角力、諸夏文化、霸權心態、經濟……等等因素，顯然比現代的戰爭複雜多了。無論是列國內亂還是諸侯兼并，這些亂象呈現出「天下無道」的樣子。而天下無道的原因，總括來看，皆是在於「無王」。故孔子說：「天下有道，則禮樂征伐自天子出；天下無道則禮樂征伐自諸侯出。」（《論語·季氏》）亦即周天子在當時的地位已蕩然無存，因而各國的內亂、外戰無人可管，甚至「陪臣執國命」這種僭位的現象亦時有所聞。所以，一切亂象的起源皆導因於「無王」，這也是孔子作春秋欲立「新王」之目的。〔註7〕

二、《春秋公羊傳》中的戰爭概念分析

（一）戰

1、內不言戰，言戰乃敗

桓公十年經文書曰：「冬，十有二月，丙午，齊侯、衛侯、鄭伯來戰於郎。」此段話字面上的意思是齊、衛、鄭三國聯軍與魯軍交戰於「郎」這個魯國近郊的城邑。配合傳文的解釋可知：一、此戰是「偏戰」。〔註8〕何休《解詁》認爲：「偏，一面也。結日定地，各居一面，鳴鼓而戰，不相詐。」意思是戰爭的範圍只限定於某特定地區，沒有擴大爲全面的戰爭。再者，偏戰純屬君子之戰，結日定地（書「丙午」日乃春秋正辭），沒有任何僞詐偷襲之事。〔註

〔註6〕引文見《史記》卷一三○，〈太史公自序〉。

〔註7〕參看蔣慶著，《公羊學引論》（瀋陽：遼寧教育出版社，1995），頁94～101。

〔註8〕參看僖公二十二年宋、楚戰于泓之例。可知「偏戰」在《公羊傳》的解釋亦屬大禮。

〔註9〕公羊家反對「詐戰」的理由是詐戰「出其不意，傷害尤多」。參見陳立著，《公羊義疏》第一冊（臺北：臺灣商務印書館，民國71年），頁353。

9〉公羊家特別強調「春秋之書戰、伐也，有惡有善也，惡詐擊而善偏戰，恥伐喪而榮復讎。」（《春秋繁露·竹林》）公羊家提倡的是交戰時的「合宜性」（義），而貶斥戰爭本身的「正當性」。故又曰：「善其偏，不善其戰。」（《春秋繁露·竹林》）二、「內不言戰，言戰乃敗」。《公羊傳》的立場認為，諸國之間仍有內外、親疏之別，一般本國史不書「戰」，一書「戰」即是指戰敗了。這是因為顧慮到與齊、衛兩國，本屬周公東征後重定封國的兄弟之邦，不宜舉兵相害。〔註10〕另外是顧及到國家的顏面，即「諱敗」的通例用法，或是閔公元年冬傳文所謂的「《春秋》為尊者諱，為親者諱」。此一道德原則可謂公羊倫理學的最高道德原則。進而言之，「《春秋》託王於魯，戰者敵文也，王者兵不與諸侯敵。」（何休《解詁》）原本礙於魯君為「新王」的情面，王者師不與諸侯敵，只能有「征」而無「戰」。〔註11〕而今不但與昔日的兄弟之邦為敵，而且竟然戰敗，情何以堪，所以書「戰」以「諱敗」。若以《左傳》所述來看：「魯以周班後鄭。……故不稱侵伐。先書齊、衛王爵也。」竹添光鴻認為：「不稱侵伐，而以戰為文。明魯直諸侯曲。」又曰：「鄭主兵，而序齊衛下者，以王爵次之也。」可見《春秋》的確不只隱含《公羊傳》所欲申之價值判斷，就連《左傳》亦知《春秋》之褒貶。換言之，「來戰」表示魯握有絕對的正當性，而爵位有侯、伯之分，目的只在於貶低主戰者的鄭公與助戰的齊公、衛公之地位。

2、恃外曰戰

桓公十三年經文書曰：「春，二月，公會紀侯、鄭伯。己巳，及齊侯、宋公、衛侯、燕人戰，齊師、宋師、衛師、燕師敗績。」此戰興於宋、鄭相怨。因為《左傳》記載：「宋多責賂於鄭，鄭不堪命。故以紀、魯及齊，與宋、衛、燕戰。」所以主戰者原是鄭國，魯國只是其中助戰的一員，並非主角。《公羊傳》曰：「此其言戰何？從外也。曷為從外？恃外故從外。」可見此處所說的外，應指紀、鄭兩國，又書「己巳」日，則可知魯因為得紀、鄭相助才得以形成「偏戰」之勢。所以，經文書「戰」，實乃因為「恃外曰戰」，欲褒揚紀、鄭相助之功以解龍門之危，故稱「戰」有其正當性而並不與前述「內不言戰」

〔註10〕魯、齊、衛之關係可參閱錢穆著，《國史大綱》（台北：台灣商務印書館，1996），頁41。

〔註11〕陳立疏：「《孟子·盡心》篇，征者，上伐下也。王者有征無戰。」參見註9，頁353～354。

的筆法產生矛盾。再者，《公羊傳》素有「《春秋》戰無不地」〔註12〕之例，經文「何以不地」？因爲兵臨龍門城下，桓公親戰實是奇恥大辱之事。公羊家思想有諸如「國君一體、百世復讎」（莊公四年夏傳文）的「尙恥」之說，〔註13〕不地的原因，即是欲明「尙恥」之義，於是「尙恥」亦是公羊家的最高道德原則之一。

3、敵者言戰

莊公三十年經文書曰：「冬，齊人伐山戎。」其大意是齊桓公討伐山戎。不書齊侯而稱人，按傳文意，爲貶齊桓公迫殺山戎過甚之辭。而經文言伐而不言戰是因爲傳文說：「《春秋》敵者言戰。」這裡所說的敵者應指「國家相當」的兩國，才稱得上彼此爲「敵」。〔註14〕因此《春秋繁露·精華》曰：「《春秋》愼辭，謹於名倫等物者也。是故小夷言伐而不得言戰，大夷言戰而不得言獲。……各有辭也。」意味著在謹愼用辭的情形下，各個國力、文化優劣不同的國家因禮制在交戰時，戰爭型態亦有相應不同的名稱。國力較強盛者居上位，可代周天子討「伐」其他諸侯國，以示懲戒。在此，山戎之國力與齊國並不相當，故互不爲敵，因而不言「戰」而言「伐」。再者，《史記·匈奴列傳》記載：「山戎伐燕，燕告急于齊，齊桓公北伐山戎，山戎走。」顯示齊桓公圖霸中原，作爲霸主有義務裁制兼并，出兵相救。所以齊與山戎並非實力相當之敵國，而齊亦須負起教訓山戎之責，故言伐而不言戰。於是《春秋》賦予「伐」字有糾正小夷行爲的正當性。

（二）伐

1、從王正也

桓公五年經文書曰：「秋，蔡人、衛人、陳人從王伐鄭。」傳文曰：「其言從王伐鄭何？從王正也。」此段之意表明征伐本屬天子之事。而蔡、衛、陳三國隨周桓王出征討伐鄭國，此乃正義之舉爲人所稱頌。所以「伐」有代表正義之師，討伐另一有罪者之意。即以正討伐不正，或是上伐下的意思。雖說《春秋》理應讚揚蔡、衛、陳三國隨從微弱的周桓王征伐鄭國的義行，但經文稱「人」的筆法，顯然多有貶抑之意，此處又應作何理解？原來《春

〔註12〕 同註9，頁380。
〔註13〕 參閱陳柱著，《公羊家哲學》（臺北：臺灣中華書局，民國60年），頁50。
〔註14〕 參閱王維堤、唐書文撰，《春秋公羊傳譯注》（上海：上海古籍出版社，1997），頁164。

秋》褒貶分明,「言人者,時陳亂無君,則三國皆大夫也,故稱人。……大夫以陪臣而擅用兵從王,不正甚矣。」〔註15〕由此可知,三國「陪臣執國命」出兵的情形實已僭禮,所以經文稱「人」貶之。另有「微言」未明,此役是周天子威信殆失的「繻葛之戰」,桓王親征卻中箭慘敗,經文不書的原因,在於考量「為尊者諱」或「諱敗」的道德原則。所以此例的書法大意以「尊王」為宗旨。至於依循「尊王」原則而有「從王正也」這種道德判斷的理由,無非是為了因應「《春秋》大一統」的哲學預設而提出的呼籲。簡而言之,「尊王」的目的就在於達到公羊家「大一統」之義。〔註16〕

2、辟嫌也

桓公十二年經文書曰:「冬,十二月,及鄭師伐宋。丁未,戰於宋。」這段經文同時出現伐、戰二字。就《公羊傳》的解釋而言:「此其言伐何?辟嫌也。惡乎嫌?嫌與鄭人戰也。」意思是魯桓公與鄭師聯軍欲與宋一戰,但不書戰而書伐,是為了避免引起誤會。理由在於,若直書「及鄭師戰于宋」容易使人誤以為魯國與鄭國在宋國境內交戰。所以《春秋》用字遣詞,十分注意文字表達的「精確性」。

相對於《公羊傳》的解釋,《左傳》記載此戰是因為「宋無信也」。竹添光鴻箋曰:「書法與莊九年同。有鐘鼓曰伐之例。」意即他認為戰、伐在《左傳》的敘述中,因有軍禮上的不同而區別。即《左傳》莊公二十九年云:「凡師有鐘鼓曰伐。」而後經文書:「丁未,戰于宋。」竹添光鴻順著《左傳》書「宋無信也」箋曰:「既書伐宋,又重書戰者,以見宋之無信也。……則伐宋討有罪也。戰于宋貶其不服也。」所以,伐、戰有特殊用意,《左傳》與《公羊傳》的看法相去甚遠。

3、不得意致伐

莊公六年經文書曰:「秋,公至自伐衛。」「至」,指回到魯國後向祖廟行告至之禮。〔註17〕傳文中的「恃意致會,不得意致伐」,何休《解詁》認為「得意」是指「所伐國服,兵解國安」;「不得意」是指「所伐國不服,兵將復用,國家有危」。所以整句經文的意思是說,魯莊公從不服討伐的衛國回來,向祖廟行告至之禮。而此處的「伐衛」暗指「不服」魯軍討伐的衛國,因而戰事

〔註15〕引文同註9,頁303~304。
〔註16〕「尊王」可達「大一統」之目的,可參閱註13,頁10。
〔註17〕可參閱同註14,頁113。

將再起，國家有危。

4、勝者稱「伐」

依莊公十年經文書曰：「夏，六月，齊師、宋師次于郎。公敗宋師于乘丘。」傳文解釋曰：「其言次于郎何？伐也。伐則其言次何？齊與伐而不與戰，故言伐也。我能敗之，故言次也。」經文記載齊、宋兩軍「次」（駐紮）于郎，其實就是「伐魯」的意思，但是「郎者，吾近邑，……不可言伐，須為變文也。」〔註18〕因為宋師旋即為魯莊公所敗，既然戰敗便不可稱為「伐」，而只能變文改為「齊、宋兩軍曾在魯國近邑——『郎』駐留」這樣的描述性語言。可見不書「伐」而書「次」，實是顧及「內諱」原則的緣故。經文的描述，乍看之下好像將這一段戰事掩蓋，輕描淡寫，其實背後尚有微辭；以何休《解詁》而言，雖讚揚魯莊公能夠迅速贏得勝利，但因為「詐戰不日」之例，再加上兵至近邑的情況，足以顯示魯國國勢微弱、甚危，希望「明國君當彊……且明臣子，當將順其美，匡救其惡」（《解詁》）。

5、明暴故舉伐

參看莊公二十有八年經文書曰：「春，王，三月，甲寅，齊人伐衛，衛人及齊人戰，衛人敗績。」傳文曰：「戰不言伐，此其言伐何？至之日也。」何休《解詁》云：「至日便伐，明暴故舉伐。」原來這段經文是暗諷齊桓公之粗暴無禮。按《公羊傳》之立場，齊桓公無禮有二：一、《春秋》舉「伐」，何休《解詁》說明：「用兵之道，當先至竟侵責之，不服乃伐之，今日至便以今日伐之，故日以起其暴也。」可見齊人在伐之前，全無侵責之禮，在衛軍毫無預警下，隨即展開交戰。這樣的軍事行動已非「伐」之名可以稱謂，但孔子以「伐」稱之，實際上是欲貶齊桓公之暴行，故稱「齊人」。二、《春秋》筆法若是一個對等的武裝衝突，即書某「師」敗績，而《公羊傳》說：「未得乎師也。」顯示如《解詁》所言：「未得成列為師也，詐戰不言戰，言戰者：衛未有罪。」齊桓公在衛軍未成陣列之時便已出兵，故不書衛「師」敗績，而書衛「人」敗績，亦貶其用兵之無禮。

從上述齊桓公無禮的情況判斷，春秋戰事的評價，以時間順序而言，各類戰事的發生必依照一定的「程序」。例如，先有「侵責」之禮，若不服才有進一步的討伐行動產生。〔註19〕所以侵責之禮可謂戰爭原則中的「程序正義」

〔註18〕引文同註9，頁516。

〔註19〕參看桓公七年經文：「春，二月，己亥，焚咸丘。」《解詁》釋曰：「征伐之道，

原則。再者，以部隊形成的陣列形式而言，必須符合兵員集結的「完整性」原則。即以是否構成一個能夠充分發揮戰力的陣列形式為合理的對戰標準，否則即可判為不義的「詐戰」行為。

（三）圍

1、彊也——取邑之辭

依隱公五年經文書曰：「冬，十有二月，辛巳，公子彊卒。宋人伐鄭，圍長葛。」傳文曰：「邑不言圍，此其言圍何？彊也。」何休《解詁》說：「至邑雖圍當言伐，惡其彊而無義也，必欲為得邑，故如其意言圍也。」這段解釋旨在突顯宋人無義的心態，因為一心想要獲取鄭邑。「圍」在表面上顯示宋軍的兵力強大，其實是暗貶宋人迫切想要奪取鄭邑的心態。這種奪人城邑的行為與心態在公羊家的眼中，是失禮不義的錯誤示範。因為「大一統」思想是說在一個「一統」於周天子的政治圈下，容許各國保有自己的領地、文化、種族；基於此，只要是奪人領地、滅人國家皆屬大惡之罪，為公羊家所不恥。總之，在《春秋》筆法中，凡是「伐而言圍者，取邑之辭也」（襄公十二年傳文）。

2、疾重故也

僖公二十三年經文書曰：「春，齊侯伐宋圍緡。」傳文曰：「邑不言圍，此其言圍何？疾重故也。」《解詁》釋曰：「疾，痛也。重故，喻若重故創矣。襄公欲行霸，守正履信，屬為楚所敗，諸夏之君，宜雜然助之，反因其困而伐之，痛與重故創無異，故言圍以惡其不仁也。」「疾重故也」其意是指，痛恨齊孝公加重宋襄公的舊傷。這裡的「重傷」是指前條經文所述的宋、楚戰於泓，宋師敗績，宋襄公受傷於泓戰。孔子對於宋襄公推崇備至，經文中均以「宋公」稱之，主要是推崇其「臨大事而不忘大禮」（僖公二十二年傳文）。守正履信，而當時列國諸君不但未助其圖霸事業，反而更加戕害。所以，表面上只是圍城的軍事行動，其實已道出孔子對齊孝公之不仁深惡痛絕。

3、刺道用師也

僖公二十六年經文書曰：「冬，楚人伐宋圍緡。」傳文云：「邑不言圍，此其言圍何？刺道用師也。」「刺」，違之意。〔註20〕楚軍原來是「公子遂如

不過用兵，服則可以退，不服則可以進。」

〔註20〕同註14，頁237。

楚乞師」(僖公二十六年夏經文)助魯抗齊而來,而楚軍卻在半途順便伐宋圍緡。故何休《解詁》云:「時以師與魯未至,又道用於是,惡其視百姓之命若草木,不仁之甚也。」因楚軍好戰濫殺,本應盡速援魯,而今卻違背了援魯的原意,動用軍隊圍宋,故曰:「刺道用師。」所以,此處的「圍」欲彰顯楚軍之傲慢不仁。

4、不聽也──諱辭

成公三年經文書曰:「秋,叔孫僑如率師圍棘。」傳文云:「棘者何?汶陽之不服邑也。其言圍之何?不聽也。」「圍」在此表示罪辭。值得一提的是竹添光鴻說:「此圍,內邑之始也。」又《解詁》釋曰:「不聽者,叛也。不言叛者,爲內諱。……不先以文德來之,而便以兵圍之,當與圍外邑同罪。」原來棘邑之百姓是「畏稅畝之苛政」而反叛魯君,事出情有可原。按理,成公應以文德服民,而今卻派叔孫僑以兵圍城,此乃與圍外邑同罪。由此可知公羊家「《春秋》之所惡者,不任德而任力」(《春秋繁露·竹林》)的道德原則。這件事情喻成公爲政失當,一則使民畏稅,再則圍棘不義。而《公羊傳》書「不聽也」,只是同情棘邑百姓,採用「內諱」的筆法而不書「叛」。

(四)入

1、得而不居

隱公二年經文書曰:「夏,五月,莒人入向。」傳文曰:「入者何?得而不居也。」《解詁》云:「入者以兵入也,已得其國而不居。」大意是說莒國舉兵已攻入向國的大城,但是莒卻不滅向隨即撤兵。因此,說明了「入」這種軍事行動實已攻入敵城,掌有滅敵國的生殺大權,但是卻不居其國。可見這是一種懲罰、報復的行爲。根據《左傳》的記載:「莒子娶于向,向姜不安莒而歸。」所以莒認爲向女無禮,因而發兵入向。但不言侵或圍而言入,有兩種可能:一者,顯示莒國憤怒的心態。再者,貶斥莒國不採用征、伐的方式而以重兵強行進入他人國境這種暴行。所以,經文上才貶稱莒「人」而不稱「師」。

2、諱也

隱公二年經文書曰:「無駭帥師入極。」傳文曰:「此滅也,其言入何?內大惡,諱也。」經文書「入」其實是一個「諱辭」。在《春秋》的記載上,展無駭是滅人國家的始作俑者,所以孔子才「託始」重之。書「入」不書「滅」,

是由於無駭之祖展爲魯國的公子，所以無駭算是魯國的後裔，孔子爲了掩飾無駭滅人國家的罪行，才諱言「入」而不言「滅」。此即隱公十年《公羊傳》所謂的「於內，大惡諱」。 此外，傳文云：「曷爲貶？疾始滅。」是說孔子貶展無駭故不書其氏，因爲孔子十分痛恨滅人國者。《公羊傳》「疾始滅」的思想同樣反應在「存嗣」的思想。可參見昭公九年經文書曰：「夏，四月陳火。」傳云：「陳已滅矣，其言陳火何？存陳也。」由此可見公羊家對於爲人所滅之國的同情，國雖已滅但仍在史書中留下記載，一方面貶斥滅人國者的罪行；一方面同情被滅的國家，最終目的還是要人記取歷史的教訓、避免重蹈覆轍，因而才有「《春秋》重始」的說法。

3、篡辭

依照莊公六年經文：「夏，六月，衛侯朔入于衛。」傳文曰：「其言入何？篡辭也。」此處的「入」並非指大規模的軍事行動，而是指衛侯篡位的用語。按《解詁》云：「國人立之曰立，他國立之曰納，從外曰入。」可見「入」並非合禮的行爲，孔子才書其名，絕其爵位。同理，莊公九年經文書曰：「齊小白入于齊。」與昭公二十二年經文書曰：「劉子、單子以王猛入于土城。」其中的「入」字皆爲同義。

三、其他先秦著作對戰爭的看法

以公羊家的立場而言，當然肯定《春秋》爲孔子所作無庸置疑。既然《春秋》與《論語》同爲孔子思想的記載，兩者定可互爲解釋且彼此一致。子曰：「天下有道，則禮樂征伐自天子出。」（《論語・季氏》）在天下有道的情形之下，「征伐」這種上位對下位的軍事行動，只有天子才可行使。意即諸侯之間若有爭端，必當由周天子出面解決。諸侯之間不可興起戰端，否則即被視爲藐視天子、違背禮制。這點看法即與前述《公羊傳》伐例中的「從王正也」的「尊王」主張相同。另見〈述而〉篇曰：「子之所愼：齊、戰、疾。」因爲戰爭關乎眾之死生、國之存亡，故不可不愼！爲了宣揚戰爭的殘酷不仁，所以董子才說：「是故戰攻侵伐，雖數百起，必一二書，傷其害所重也。」（《春秋繁露・竹林》）此即孔子「愼戰」的原因。又〈子路〉篇曰：「以不教民戰，是謂棄之。」雖然戰爭是很愼重的事，不可輕生戰事，但是亦不可不防，所以在平時應訓練人民備戰。可見孔子已具有國防、衛民的觀念。這點與公羊學重「守備」的觀念一致。例如宣公十有八年經文書曰：「秋，七月，邾婁人

戕鄫子於鄫。」《解詁》云：「支解節斷之，故變殺言戕。戕則殘賊，惡無道也。言于鄫者，刺鄫無守備。」〔註21〕

在公羊學的傳承方面，孔子後學中，首推孟子與荀子。〔註22〕孟子曰：「《春秋》無義戰，彼善于此則有之矣。征者上伐下也，敵國不相征也。」（《孟子·盡心》）「《春秋》無義戰」可視為桓公十年傳文「內不言戰，言戰乃敗」的註解。意即一切的戰爭都是不合理的；換言之，只要是戰爭皆違反王道，失禮於周天子。因此，孔子在託魯為王的情形下，對內才須避諱而不言戰。而「征者上伐下也，敵國不相征也」即是「尊王」的思想。如隱公十年何休注曰：「不言戰者，託王于魯，故不以敵辭言之，所以強王義也。」另外，孟子甚至認為善於陣、戰者有大罪。例如〈盡心〉篇曰：「有人曰：『我善為陣，我善為戰。』大罪也。」又《荀子·王制》曰：「故不戰而勝，不攻而得，甲兵不勞而天下服，是知王道者也。」其旨在說明，王道並非主戰，相反地，以不戰、不攻而使天下服。所以不論是孔子、孟子或荀子，戰爭對於他們來說，象徵著王道不行的結果，似乎隱含著一絲絲的不忍之心。

參、結 論

本文所舉的「戰、伐、圍、入」四種戰爭的型態分析，大致上順著莊公十年公羊傳文所說：「戰不言伐，圍不言戰，入不言圍，滅不言入。書其重者也。」此一理路提示而來。以實際上的戰爭型態來看，何休《解詁》有說明：「合兵血刃曰戰，以兵守城曰圍，得而不居曰入，取其國曰滅。」（莊公十年）但是公羊家所重者，並不在其表面之意義，而是隱藏在各種戰爭型態背後的價值判斷，亦即孔子的褒貶、書諱。因而才有戰、伐、圍、入、滅，《春秋》書其重者而罪之的解釋，顯示因軍事行動的不同，導致罪亦有輕重之別。總之，《春秋》的微言大義其實只是當時應有的禮制，依禮來判斷行為是否恰當，而最終提出不同的筆法褒貶。甚至連同戰爭行為亦須有一相應判斷之禮制。綜合以上討論可有幾點結論如下：一、伐、戰、圍、入依序分析，其戰爭的型態有精、粗之別，罪亦有大、小之分。二、戰爭的出現反映出春秋「無王」

〔註21〕公羊家「愛和平、惡攻伐」之說，似乎與先秦諸子的主張極為一致。如本段討論的孔、孟、荀之言。另外墨子書亦有類似的「非攻」主張，而且也重「守備」觀念。可參看同註13，頁30。

〔註22〕參看蔣慶著，《公羊學引論》，第二章 公羊學的創立與傳承。

的局勢，暗指應「託王於魯」、「強王義」。三、孔子使用「正名」原則，表現出《春秋》經文用字的精確性，並大肆貶損主戰、好殺者。四、就算雙方處於交戰狀態，亦須謹守大禮。〔註23〕五、用兵之道應該依情況而有程序性。合禮的情形下，若不得已而出兵，只有「伐、戰」有其正當性，之後的「圍」已屬不義之罪辭，而「入、滅」更是大罪。六、《公羊傳》對於戰爭的價值判斷頗有深意，而《左傳》或其後學如杜預之《春秋釋例》卻僅只言及用兵之狀，與《公羊傳》之瞭解大異其趣。〔註24〕

就大體而言，《春秋》的「義例」在《公羊傳》的解釋下，呈現出一種有系統、有意識、有組織的筆法，在此意義下即可稱爲一人文的科學。《春秋》筆法的一大特色，即是文本的字面意義乍看之下只具有描述性（descriptive）的意義，但藉由背景故事的瞭解，或經文的交互比對，可發現描述性的語言背後尚有規範性（normative）的意義。〔註25〕因此《春秋》並非是一部僅僅以「陳述事實」爲旨的史書。但將它視爲「史書」也並無不可，因爲古來的史官寫史總帶有價值評判，就連《左傳》也不例外。只是筆者強調從《公羊傳》的戰爭概念分析可發現，《春秋》筆法一字多義，絕非只是單一呈現出某種戰爭狀態而已，應該還包含價值評判在內，所以應該說「《春秋》不只是陳述故事的史書」。

再者，須要討論一下《春秋》最高的道德原則——「尊王」。本文的交戰筆法例如「內不言戰，言戰乃敗」原則，代表「王者師，有征無戰」之意，爲內諱之辭。或與「從王正也」原則一致，皆有「尊王」之意。本文其他的

〔註23〕例如僖公二十二年傳文：「君子大其不鼓不成列，臨大事而不忘大禮。」

〔註24〕對於戰爭型態的區分方面，一樣表現出《左傳》敘事，《公羊傳》明義的不同觀點。例如《左傳》莊公二十九年書曰：「凡師有鐘鼓曰伐，無曰侵，輕曰襲。」又文公十五年書曰：「勝國曰滅之，獲大城焉曰入之。」與晉杜預《春秋釋例》中侵伐襲例第十二曰：「侵伐襲者，師旅討罪之名也。鳴鐘鼓以聲其過曰伐，寢鐘鼓以入其境曰侵，掩其不備曰襲，此所以別興師用兵之狀也。」可見，《左傳》的立場偏重戰爭之狀的事實描述，少有公羊深意。

〔註25〕此大義爲經文所隱含的意義，即《春秋》的表達技巧所賦予的深意。例如大略有「同文見義」、「異文見義」、「去文見義」、「闕文見義」、「詳文見義」、「略文見義」、「重文見義」、「錯文見義」、「諱文見義」、「微文見義」與「託文見義」等等書例。參見林義正著，《《春秋公羊傳》之倫理思想研究（一）——德行倫理》（此文爲行政院國家科學委員會專題研究計畫研究成果報告，計畫編號：NSC86-2411-H-002-014，臺北：臺灣大學哲學系，民國86年），頁21～26。

道德原則的揭示，其意在表明「王道」思想，或可謂依公羊學的理想「道德原則」所形成的「道德規範」，極富「外王」的意味。核心問題在於「為何尊王？」隱公元年何休注傳文「大一統也」曰：「夫王者始受命改制，布政施教於天下，自公侯至於庶人，自山川至於草木、昆蟲，莫不一一繫於正月，故云政教之始。」原來尊王才可充分「布政施教於天下」，使得萬物不失其序。另一方面，尊王即可達「一統」，〔註26〕此為「重始」思想，目的是在王道推行下，一開始便將自然時序（年、歲、時）與政統地位（公即位）確立，如此萬物在政通人和的情況下方能自然發展無礙。所以「從王正也」又可解釋為「止於一」的「重始」思想。這點在本文所討論的「叔孫僑如率師圍棘」（成公三年秋經文）與「無駭帥師入極」（隱公二年經文）兩個戰爭事例中表露無遺。

最後，筆者藉由本文戰爭義例所分析出的道德原則，嘗試提出對於「禮」的規範性意義之檢討與反省。羅素曾說：「一個特殊的戰爭正當與不正當的問題，大率都從法律或準法律的立腳點上研究的。」〔註27〕而春秋時期的諸國之間，並無今日所謂的「國際法」，更何況諸國在政治上仍承認周天子的宗主權，而非一獨立自主的政治實體。所以，論及戰爭的正當性時，並無成文的法律規定可供遵循。諸侯的行為規範僅僅訴諸一個毫無強制約束力的「禮制」。但是《春秋》禮制並非出於私心，或者違背天理、人情；相反地，「因人之情而為之節文」（《禮記·坊記》）。例如，戰爭的「程序正義」、「內諱」、「偏戰」、「師出不逾時」〔註28〕、「存嗣」等等原則所形成的規範，都以人道為最優先考量。顯然孔子不忍的原因是由於觸景生情，不願見到戰爭的慘烈之狀。顯然「被當作最終規範或終極價值的東西，必須是從人的天性和現實生活中抽象出來的。因此倫理學的結論從來就不可能與生活矛盾……。」〔註29〕綜合以上所言，禮制的正當性皆出於生活中合情、合理的認知原則。因而董子才說：「《春秋》大一統者，天地之常經，古今之通誼。」

〔註26〕隱公元年《解詁》云：「統者，始也。」

〔註27〕引文見劉福增主編，《羅素的戰爭倫理學》（台北：水牛出版社，民國78年），頁20。

〔註28〕如隱公六年冬經文書曰：「宋人取長葛。」《解詁》云：「古者，師出不逾時。……久暴師苦眾居外，故書以疾之。」

〔註29〕引文見（德）莫里茨·石里克著、孫美堂譯，《倫理學問題》（北京：華夏出版社，2001.1），頁17。

（《對策》）因爲合情合理的規範並不會因時空環境的改變而改變。《春秋》在公羊家的闡釋下，使我們能夠清楚地認識人性的細膩之處，並能提供我們相應於人性而應有的價值判斷，以達「經世致用」之效。而《公羊傳》中的戰爭倫理學內容，尚包含「侵」、「救」、「敗」、「平」等等概念，仍有待更全面且深入的分析。

參考書目

1. 何休，《春秋公羊傳解詁》，台北：新興書局，民國 81 年。

2. 左丘明著，竹添光鴻箋，《左傳會箋》，台北：天工書局，民國 82 年。

3. 《史記》卷一三〇，〈太史公自序〉。

4. 杜預，《春秋釋例》，台北：台灣中華書局，民國 59 年。

5. 陳立，《公羊義疏》第一冊，臺北：臺灣商務印書館，民國 71 年。

6. 康有爲，《春秋董氏學》，臺北：臺灣商務印書館，民國 58 年。

7. 錢穆，《國史大綱》，台北：台灣商務印書館，1996。

8. 蔣慶，《公羊學引論》，瀋陽：遼寧教育出版社，1995。

9. 陳柱，《公羊家哲學》，臺北：臺灣中華書局，民國 60 年。

10. 程發軔，《春秋要領》，台北：蘭臺書局，民國 65 年。

11. 張曉生、劉文彥編著，《中國古代戰爭通覽》，北京：長征出版社，1988。

12. 王維堤、唐書文撰，《春秋公羊傳譯注》，上海：上海古籍出版社，1997。

13. 李新霖，《春秋公羊傳要義》，臺北：文津出版社，民國 78 年。

14. 艾文‧托佛勒、海蒂‧托佛勒著、傅凌譯，《新戰爭論》，台北：時報文化出版企業有限公司，1994。

15. （德）莫里茨‧石里克著、孫美堂譯，《倫理學問題》，北京：華夏出版社，2001。

16. 劉福增主編，《羅素的戰爭倫理學》，台北：水牛出版社，民國 78 年。

附錄四：《淮南子》的認識論思想探究

壹、前　言

　　本文討論《淮南子》的認識論思想，因此討論的方向以「認識的內容與客觀對象的連絡爲探討的目標」〔註1〕，即《淮南子》如何建立主、客之間關係的課題。本文討論的存有、行爲、思維三大原理之分類，實屬傳統哲學的三大學科之預設，即形上學、倫理學，與知識論之預設，目的在於窮究自然與人文原理的認識，或可謂「天人關係」的意涵分析。本文分三部分進行：一、存有原理。道家的「道論」富有十分深刻的後設性意義，道已是一種普遍的存在現象，作爲一種存有的標記已是對客觀現象的後設性認識。二、行爲原理。在治術原則方面，《淮南子》擷取前項對道的認識結果，予以普遍應用於人的實踐行爲，即「道術合一」或「無爲」的認識觀點。三、思維原理。針對《淮南子》如何建構道術合一的論述、背後的思維模式之討論、澄清概念上的應然判斷與實然的現象，以及知識的判準或知識的確定性問題。

貳、本　論

一、存有原理

（一）存有標記的普遍性概念

　　道作爲一形上原理，標示著萬物的存有，是一種萬物存在樣態的「最普遍概念」。例如：「夫道者，覆天載地，廓四方，柝八極；高不可際，深不可

〔註1〕引文參看柴熙著，《認識論》（台北：台灣商務印書館，民國80年），頁12。

測；包裹天地，稟授無形。」（〈原道〉）或：「道至高無上，至深無下，平乎準，直乎繩，圓乎規，方乎矩，包裹宇宙而無表裡，洞同覆載而無所礙。」（〈謬稱〉）道以各式各樣的萬有樣態呈現，表示道具有涵蓋一切的普遍性、整體性，如此則強調外在的自然規律遍及一切萬有，甚至遍及時間與空間，即「故植之而塞於天地，橫之而彌於四海，施之無窮而無所朝夕。」（〈原道〉）道同時也是萬物的生存原理如：「山以之高，淵以之深，獸以之走，……鳳以之翔。」（〈原道〉）既然道是一種形上的存有原理，以「忽兮怳兮」、「幽兮冥兮」、「遂兮洞兮」（〈原道〉）的狀態呈現，當然「不可見」、「不可聞」、「不可言」（〈道應〉）。

　　依此描述，道豈非無從認識？其實，道雖然無形而不可被感官直接掌握，但「人們可以通過淵泉、浮雲、高山、走獸、飛鳥、日月、星歷、麟、鳳等具體的事物來推知道的存在，來感知道的存在。也就是說，道是通過有形之物來作中介而被人所感知的。」〔註2〕就道無所不包的特性而言，道只是以萬物自然的樣態呈現，而前述所謂的存在原理、生存原理的解釋，是人面對「存在」的自然現象，試圖以知性概念「認識」道，因而歸結出事物認識的起點——存有原理。所以，道自自然然以萬物的各種樣態呈現，人同屬自然之道的一部份，故老子曰：「百姓皆謂我自然。」（《老子·十七章》）在此意義下，人根本不須要認識道，只需依生理本能（《老子·三章》：「虛其心，實其腹。」）行事，如此已然處於道中，故曰：「……人相忘於道術……孰肯解構人間之事，以物煩其性命乎！」（〈俶真〉）但《淮南子》以「黃老道學」見稱，「表現出一種執著現實的人文主義」〔註3〕，自然地積極將普遍的、抽象的、感官不可掌握的「道」，透過充分的觀察、認識轉換為政治思想上可用的、個別的、具體的、實際可操作的「術」。

　（二）感性認識到理性認識

　　所以，關於道的認識可分為兩方面，一為觀察萬物的自然樣態，因為道無所不包，道以自然樣態的現象而呈現。二為依據前述現象的觀察，而以理智洞見現象背後的「本質規律」，即依現象推度本原。這兩方面的認識如：「聖人之接物，千變萬軫，必有不化而應化者。」（〈詮言〉）亦即經驗現象與本質

〔註2〕引文見張運華著，《〈淮南子〉對道範疇的理論深化》（收錄於西北大學學報，哲學社會科學版，1995年第4期第25卷），頁32。
〔註3〕參見丁原明著，《黃老學論綱》（濟南：山東大學出版社，2000），頁28。

都必須充分地認識如：「寒暑之變，無損益於己，質有定也。」（〈詮言〉）如此，關於道的認識則包含感性認識過渡至理性認識的過程。〔註4〕亦即透過初步雜多的萬物現象完成感性認識，繼由知性去異存同，最後可得普遍、整體的抽象屬性——道的「一」。因為「物物者亡乎萬物之中」（〈詮言〉），所以必須從萬物紛亂中析理出規律、原則藉以認識道。《淮南子》重視經驗現象的「全面性」與「持久性」觀察，從「察一曲者，不可與言化；審一時者，不可與言大」（〈繆稱〉）或「行一棋不足以見智，彈一弦不足以見悲」（〈說林〉）可知。而高度的理性認識所得的「道」，皆從經驗觀察而來，如〈繆稱〉曰：「欲知天道察其數，欲知地道物其樹，欲知人道從其欲。」其中關於「數」〔註5〕（天文律曆）的掌握，更是高度抽象的理性認識。

以上說明人在面對萬物紛亂的活動樣態時，從具體而至抽象，從雜多而至道一，從感性認識而至理性認識的過程。因此〈原道〉所謂：「執道要之柄，而游於無窮之地。是故天下之事，不可為也，因其自然而推之。萬物之變，不可究也，秉其要歸之趣。」《淮南子》要人把握聖人已得的理性認識結果並吸取經驗，即「盧车六合，混沌萬物，象太一之容」（〈要略〉）或「執道要之柄」、「執其大指」而「應待萬方」（〈要略〉）。因為人畢竟無法一一親身認識事物的所有變化，只能依循聖人的道術得到一些基本的處事綱領以因應事物無窮的變化。所以，藉由聖人聰明睿智的理性認識「居智所為，行智所之，事智所秉，動智所由，謂之道。」（〈人間〉）我們可得「託小以苞大，守約以治廣」（〈要略〉）、「見本而知末，觀指而睹歸，執一而應萬，握要而治詳，謂

〔註4〕《淮南子》關於事物規律的認識已達理性認識的形式，因為「只有既以感性反映為基礎又超越了感性反映的局限性的理性認識形式，才可能達到對事物的本質和規律的把握。」引文可見夏甄陶、李淮春、郭湛主編，《思維世界導論——關於思維的認識論考察》（北京：中國人民大學出版社，1992），頁403。

〔註5〕「數」指「律曆之數」，數的得知亦由天文觀測而來，例如：「欲知天道，以日為主，六月當心，左周而行，分而為十二月，與日相當，天地重襲，後必無殃。」（〈天文〉）另外，「律曆之數」亦指「推音律以定曆法所得之數」（可見熊禮匯著，《新譯淮南子》，台北：三民書局，民國86年，頁141。），而音律之推算，根本是「數學運算」。例如十二律的形成，根據〈天文〉記載：「故律曆之數，天地之道也。下生者倍，以三除之；上生者四，以三除之。」此亦即《史記·律書》所示「子一分、丑三分二、寅九分八、……亥十七萬七千一百四十七分六萬五千五百三十六」的「鍾律之法」。可詳閱陳遵嬀著，《中國天文學史》（臺北：明文，民國87年），頁40～41。可見「數」其實包含天文觀測與數學運算兩方面，因而極富高度的理性認識。

之術。」（〈人間〉）可見「託小」、「守約」、「見本」、「觀指」、「執一」、「握要」
這些經世治國的操作原則，根本上建立在攫取聖人由理性（智）認識道所得
的結果，此爲「道術合一」的認識觀點。

（三）本原觀點

從上述感性到理性的認識過程可知，《淮南子》的認識觀點，絕非訴諸神
秘不可測的「頓悟思維」。而是一種運用直覺、理性的認識對於人、事、物隱
合的各種構成要素與關係的掌握。而直覺、理性的認識稱爲「知覺思維」〔註
6〕。知覺思維必須具有可認知的認識對象或內容，即便「道」的認識也是如
此。所以，道雖然玄妙難識，但透過《淮南子》將事例、物象不斷的提供、
呈現，則「雖未能抽引玄妙之中才，繁然足以觀終始」（〈要略〉）。藉由這種
知覺思維或形象思維認識方式的反省，可以使我們重新正視「超越」
（transcendence）與「內在」（immanence）這兩種截然不同的認識進路。

從〈俶眞〉所提時、空的始端，我們可以確定《淮南子》對於所謂的「超
越本體」並不感興趣。首先，「有始者，有未始有有始者，有未始有夫未始有
有始者」這段話說明了關於宇宙在時間上的起始問題，根本可隨人之理性推
溯不斷發問。繼而「有有者，有無者，有未始有有無者，有未始有夫未始有
有無者」，其旨同樣強調「有」、「無」是否佔據空間的相對性概念，基於理性
我們人類仍可不斷追問而可以有一關於空間的「假說」出現。在此，〈俶眞〉
呈現了人的理性對於抽象時、空概念的好奇與追思，並進一步配合經驗現象
提出各種合理的解釋。即對於抽象的本原問題給予一些具體可知的現象加以
解釋。例如，以「無無蝡蝡」、「牙櫱」這些昆蟲、植物的具體形象，比喻萬
物初生的情態。再者，更抽象一層描繪「有未始有有始者」，以此說明存在著
比昆蟲、植物更普遍的存有概念，如「天氣」、「地氣」配以「陰陽錯合」來
解釋。最後也只能以更高的抽象概念，如「和氣」這種比天氣、地氣更無特
殊性、分別性的最普遍概念來說明最高存有所具備的「外延最廣」（「大通冥
冥」）、「內涵最小」的特性。總結〈俶眞〉對於普遍存有概念的闡述可知，黃
老道家對於抽象概念的理解與解釋，在於透過「形象思維」來進行，特別著

〔註 6〕「頓悟思維」可參閱鄧啓耀著，《中國神話的思維結構》（重慶：重慶出版社，
1996），頁 3～4。「知覺思維」有兩種，「直覺的認識」和「推理的認識」。參
閱魯道夫・阿恩海姆著、滕守堯譯，《視覺思維——審美直覺心理學》（成都：
四川人民出版社，1998），頁 311～312。

重在昆蟲、植物、天、地、和（陰陽相交）、氣這些視覺意象。凡此種種，說明了關於極其抽象的時、空概念所作的理性思維，必須以視覺意象為基礎，這是道家語言的通性。因此以視覺意象為手段使人達到理性思維的極致，完全不能脫離官能感知的範圍。

所以《淮南子》的認識論以感性認識為出發終於理性，談論存有絕對不離現象的認知，從而是一種「內在」的認識進路，而不是西方神學傳統超絕於現象世界的「超越」進路。關於這一點，就如西方哲人葛瑞漢、安樂哲與郝大維也已經多所闡述。〔註7〕必須強調一點，〈道原〉、〈俶眞〉中的「本原」或「始基」概念，在字書的解釋，如《說文解字》將「原」定義為「水本也」，段注：「孟子源泉混混是也。……後人以原代，……而別製『源』字為本原之原，積非成是久矣。」意為泉水不停湧現之處。而「始」字，《爾雅》曰：「初……、胎……，始也。」《邢疏》曰：「《說文》云：『胚，婦孕一月也。胎，婦孕三月也。』然則尚未成形而為形之始，故曰"胚胎未成，亦物之始"，物則形也。」〔註8〕如上所言，「形之始」、「物之始」皆指尚未成形或胚胎未成的樣態。然而這個「樣態」，絕非一無所指，反而是指一些可清楚呈現的細胞組織，只是未「成形」而可以辨識的「物」。因此，不論「原」或「始」，都具有一些視覺意象可供認識，亦即屬於可感知、認識的現象範圍，不是西方本體論中的「超越」觀點。時下將道家的認識論歸類為西方本體論的超越觀點，或是神秘主義式的理解方式，甚至與西方神學概念屬辭比附，這些研究進路或許應該重新商榷。

（四）天道認識觀

依照〈天文〉的記載：「何謂九野？中央曰鈞天，其星角、亢、氐。東方

〔註7〕 葛瑞漢（A. C. Graham）說：「存在著一種與西方傳統不同的重大差異，即不會有中國思想家認為類似於"存有"（Being）或"實在"（Reality）的"絕對"（the One）與"常"（constant）隱藏在現象之後。這是古典的中文所固有的特性，就如存在措辭的"有"與"無"僅僅被使用在如同"實"與"虛"這樣的具體事物上。」這說明了中國的本體論思想並不會超出現象而論。引文見其著，*Disputers of the Tao: philosophical argument In ancient China*, La Salle,Illinois: Open Court Publishing Company ,1989, p.222. 郝大維（David L. Hall）與安樂哲（Roger T. Ames）認為：「當我們將超越概念運用到中國文本時，我們將會發現現代中國與西方詮釋者對這個詞不謹慎的使用，已經導致對古典中國傳統的誤解與侵佔。」引文見其著，Thinking from the Han, New York: State University of New York Press, 1998, p. 192.

〔註8〕 引文見李學勤主編，《十三經注疏·爾雅注疏》（北京：北京大學出版社，1999），頁8。

曰蒼天，其星房、心、尾。東北曰變天，其星箕、斗、牽牛。北方曰玄天，
其星須女、虛、危、營室。西北曰幽天，其星東壁、奎、婁。西方曰顥天，
其星胃、昴、畢。西南方曰朱天，其星觜嶲、參、東井。南方曰炎天，其星
輿鬼、柳、七星。東南方曰陽天，其星張、翼、軫。」以上將天分為「九野」
共計二十八星宿。一般而言，二十八星宿的完備歸於《淮南子・天文訓》〔註
9〕，或以為《周禮》「搜集周王室官制及戰國官制的匯編，這就說明在周初，
二十八宿已經形成」。〔註10〕這裡所說的《周禮》，實際指《禮記・月令》，但
〈月令〉中只記載了二十三宿，而《史記・天官書》則記載了二十七宿（缺
「東壁」一宿）。〔註11〕其實《呂氏春秋》已經完整的提到這二十八宿，而〈天
文〉除了將「婺女」稱為「須女」外，文字上完全與《呂氏春秋・有始》的
記載相同，可見其「九野」的劃分方式完全來自《呂氏春秋》。關於二十八星
宿的相關解釋如下：「二十八宿各星的『選定』，是從古人的體驗發生的。星
體的心理物理學特徵如亮度等，並非主要的因素。許多「亮星」被捨棄在外。」
〔註12〕二十八星宿的出現，象徵著人類已能掌握天道的自然規律，儘管星宿
由主觀「選定」而來，但至少能夠對於星體之間的運行給予合理、有序的建
構或解釋，特別是形成系統化的知識。〈天文〉中系統化的曆律知識皆從種種
天文現象的經驗觀察逐漸建構星體之間的關係，例如：「太陰在寅，歲名曰攝
提格，其雄為歲星，舍斗、牽牛，以十一月與之晨出東方，東井、輿鬼為對。
太陰在卯，歲名曰單閼，歲星舍須女、虛、危，以十二月與之晨出東方，柳、
七星、張為對。……」這段記載重點在於月亮（太陰）、木星（歲星）與二十
八星宿都有自己運行的軌跡，原本彼此不相干、各自運行，但是為了滿足辨
別人間的時序（月份）的需要，就依照主觀選定的星宿與歲星的相對位置建
立「舍」的關聯性想像。所以，原本彼此不相干的星體現象，經由人的「知
覺組型」建構了似乎合理的天道規律。換言之，所謂的天道規律包含主體的
知覺建構，又引起知覺組型的基礎在於具有客觀的星體現象，所以天道規律
是由主、客相互滲透、融合而成。

〔註 9〕 可參閱謝松齡著，《天人象：陰陽五行學說史導論》（山東：山東文藝出版社，
　　　　 1997），頁 185。
〔註10〕 引文見吳守賢著，《司馬遷與中國天學》（西安：陝西人民教育出版社，2000.9），
　　　　 頁 72。
〔註11〕 參閱同註10，頁 184～185。
〔註12〕 參閱同註10，頁 185。

　　〈天文〉所表現的天道認識觀充分顯示古人理性的計算能力與對於自然節度的精確掌握。所謂「理性的計算能力」指〈天文〉的作者在描述天文現象時，不僅藉助經驗觀察，甚至大量使用數學計算。例如：「月日行十三度七十六分度之二十六（或二十八），二十九日九百四十分日之四百九十九而爲月，而以十二月爲歲。歲有餘十日九百四十分日之八百二十七，故十九歲而七閏。」即月亮每天運行 $13\frac{28}{76}$ 度、一個月有 $29\frac{499}{940}$ 天、一年多出 $10\frac{827}{940}$ 天與 19 年共多出 $206\frac{673}{940}$ 天，其中涉及分數而非整數的計算已非單純的經驗觀察可得知，必定使用理性的計算能力進行抽象數字概念的運算。〔註 13〕所以關於天道的認識似乎可歸結爲一抽象的「數字」，如五音、六律、十二月、二十四時（節氣）、黃鍾十二律。值得注意之處在於，本來由經驗觀察與理性抽象能力所得的自然節度，如「天地三月而爲一時」的數字「三」，〈天文〉竟與《老子》四十二章「道生一，一生二，二生三，三生萬物」中的「三」作一結構性的聯想、比附。既然以道衍生的數字「三」作爲萬物得之以生的普遍依據，因而「三」變成爲一種「存在理念」具有優位性並形成規範概念。如：「祭祀三飯以爲禮，喪紀三踊以爲節，兵重三罕（軍）以爲制。」（〈天文〉）進而與「三」成倍數的其他數字（九）也因而合乎自然的建制，如「以三參物，三三如九，故黃鍾之律九寸而宮音調。」（〈天文〉）其他與三有關的節度如「律之數六」、「十二鍾」、「十二月」亦符合萬物合理存在的結構原理「三」（即「十二各以三成」）。另外，〈天文〉爲了擴大解釋以數字爲普遍存有現象的存在標誌這種情形，將原本不相干的兩個數字強加在一起而形成另一數字，藉以解釋更多現象的合理存在性。例如：「物以三成，音以五立，三與五如八，故卵生者八竅。」因此，「八」的合理性是由不相干的「三」與「五」相加而來。依此看來，所有存在現象的正當性都可由這些不斷衍生而出的數字予以解釋，這樣的自然宇宙皆以抽象的數字作爲存有認識的依據。換言之，《淮南子》直接認爲「古之爲度量輕重，生乎天道」（〈天文〉），藉由天道認識所得的數字結構不但是解釋自然界的「充足理由律」，更是人間秩序的最終依據，所謂的「人間秩序」實指「度量衡」的制定所發揮的作用。亦即「度

〔註 13〕這些數字的計算過程可參熊禮匯著，《新譯淮南子》（台北：三民書局，民國86 年），頁 123、註 10～13。

「量衡」作爲人倫概念所代表的規範作用，透過「數字」作爲媒介而與天道的節度產生關聯，亦即天人關係的建立以「數字」作爲溝通的媒介。或者天道與人道可謂建立在「數學的形式」上，雖然有些數字之間的關係隨意強加而成，但數字的解釋概念已達思維深化的程度，而非僅止於表象的觀察。相較於西方畢達哥拉斯學派將「數目」視爲萬有的本原，在哲學理論的深化方面，《淮南子》以「數」的系統化認識來作爲天人關係的媒介，也應是一種從理性解釋世界存在的哲學思想，換言之，素樸的哲學思想與毫無深度認識基礎的迷信應嚴格區分。〈天文〉所述的天文知識最大的特色在於顯示數學運算的進步，而二十八星宿、二十四節氣、鎮星〔註14〕、律曆之數的描述，可說明《淮南子》的天文知識已經相當完備。而漢武帝元封七年所用的「太初曆」被認爲是「中國史志所傳最早的完整曆法」〔註15〕，與太史公於同年開始編撰的《史記》，皆被視爲漢初天文學上的重大成就。史家都忽略了《淮南子·天文》應爲總結先秦天文學系統知識的第一部經典，但《淮南子》的天文認識觀主要的目的爲「知逆順之變，避忌諱之殃，順時運之應，法五神之常，使人有以仰天承順，而不亂其常者也」（〈要略〉）。筆者以爲並非純粹「爲知識而知識」，而是表面上提供人主「避忌諱之殃」，亦即透過天文知識的瞭解，進一步達到控制人事、穩定政局的效果。私底下，〈天文〉的作者似乎意在專爲淮南王獻策著書，欲行《春秋》「託元改制」之意，這點從「淮南元年冬，太一在丙子，冬至甲午，立春丙子」（〈天文〉）的記載隱約可知。

二、行為原理

（一）道術合一

前面存有原理的認識只是黃老道學的理論基礎部分，《淮南子》並不僅只

〔註14〕 「鎮星」依照陳遵嬀先生的解釋：「土星又叫鎮星。似乎在戰國以前的典籍裏面，都沒有講到過土星；《史記·天官書》雖然有金星，但也缺少土星，頗可奇怪。」引文見陳遵嬀著，《中國古代天文學簡史》（台北：木鐸出版社，民國71年），頁94～95。而《淮南子·天文》中提到：「鎮星以甲寅元始見斗，歲鎮行一宿，當居而弗居，其國土亡。」對照陳先生與《淮南子》的記載可推知，〈天文〉對於鎮星的記載可謂濫觴。就此而言，《淮南子》的天文知識之深度完全不亞於《史記》，而史官的身份全爲世襲並列入政府控管，且歷代皆有禁止私人學習天文的禁令，爲何淮南王之門客有此類專精於天文曆律之能士，其動機頗令人玩味！

〔註15〕 引文見陳遵嬀著，《中國古代天文學簡史》（台北：木鐸出版社，民國71年），頁37。

滿足於理論建構，尚強調人事的合理安置，關於人事規律的掌握，《淮南子》提出「術」。術即人道的具體意義，如〈主術〉強調「偏知萬物而不知人道，不可謂智。」依照前述道術合一的觀點，道是一種觀測並仿效萬物自然樣態而得的抽象原理、原則，而術便是將道這種原理、原則付諸實現於人事的具體方式。所以術以道為指導原則，兩者不可割裂，一旦「道術將為天下裂」(《莊子·天下》) 則「百家異說，各有所出，若夫墨、楊、申、商之於治道，猶蓋之無一撩，而輪之無一輻，有之可以備數，無之未有害於用也。」(〈俶真〉) 各家之術已離道甚遠，可有可無了。所以術作為人的具體作為不可偏離道的原則；而抽象的道又不可不落實到術的實行，否則流於空論於治國無益。所以〈要略〉才力陳道術合一而說：「故多為之辭，博為之說，又恐人之離本就末也。故言道而不言事，則無以與世浮沉；言事而不言道，則無以與化游息。」人主治國的行為所採取的方法 (術)，皆以自然天道的特性 (無為、不言、自然) 為原則，如「人主之術，處無為之事，而行不言之教，⋯⋯名各自名，類各自類，事猶自然，莫出於己。」(〈主術〉)

(二) 個體原理

此外，〈原道〉曰：「稱至德高行，雖不肖者知慕之。說之者眾而用之者鮮，慕之者多而行之者寡。所以然者，何也？不能反諸性也。夫內不開於中而強學問者，不入於耳而不著於心。」如此，道德行為的基礎在於心、性的把持。〈齊俗〉認為：「人之性無邪，久湛於俗則易⋯⋯夫性，亦人之斗極也。有以自見也，則不失物之情；無以自見，則動而惑營。」又：「知人之性，其自養不勃。」(〈人間〉) 顯然性是人行為的標準，人性起初無有善惡，能夠發現自己本性的人，行為便不會不合外在實情、人的修養不致於悖亂。而心是身體、行為活動的主宰，主管理智判斷作用，故曰：「夫心者，五藏之主也，所以制使四支，流行血氣，馳騁于是非之境，而出入於百事之門戶者也。」(〈原道〉) 心更具有「發一端，散無竟，周八極，總一莞」這些普遍認識與統合認識的能力，《淮南子》已充分認識「思維結構的規範功能」〔註16〕。雖說心、性是行為的規準，但心、性理想上終究須符合道，故〈精神〉曰：「所謂真人者，性合於道也。⋯⋯心志專於內，通達耦於一。」

由以上可知「道」是作為行為規準的「心」、性的最終依據，但道畢竟

〔註16〕思維結構的規範功能使得人的認識活動不是消極的被動接受，而是能動地建構和創造。可參見同註4，頁323。

只是一種理想的抽象原則，而具體能規範心、性的指導原則是「神明」。例如：「神明定於天下而心反其初，心反其初而民性善，民性善而天地陰陽從而包之，則財足而人澹矣，貪鄙忿爭不得生焉。……是故知神明然後知道德之不足為也，知道德然後知仁義之不足行也，知仁義然後知禮樂之不足脩也。」（〈本經〉）而神明其實就是指充分瞭解道「高妙難測的造化之功」〔註17〕即：「所謂道者，體圓而法方，背陰而抱陽，左柔而右剛，履幽而戴明，變化無常，得一之原，以應無方，是謂神明。」（〈兵略〉）而道的神妙作用具體表現在天的無為無施，例如：「天設日月，列星辰，調陰陽，張四時，……其生物也，莫見其所養而物長；其殺物也，莫見其所喪而物亡，此之謂神明。」（〈泰族〉）這樣的神妙作用不但適用於自然的天道，尚且適用於人類個體的修養原則如「心不憂樂」、「通而不變」、「嗜欲不載」、「無所好憎」、「不與物散」，「能此五者，則通於神明。通於神明者，得其內者也。是故以中制外，百事不廢；中能得之，則外能收之。中之得，則五藏寧，思慮平，筋力勁強，耳目聰明，疏達而不悖，堅強而不，無所大過而無所不逮，處小而不逼，處大而不窕，其魂不躁，其神不嬈，湫漻寂寞，為天下梟。」（〈原道〉）此五項個體內在的修養原則，顯示所謂的「神明」無非就是五種「否定」內在主體向外在客體對象存有意向的心理歷程，而這五種心理意向的否定，可以歸結為黃老道學的行為原理——「無為」。

《淮南子》的「無為」由天道自然的中性價值而產生，進而援引「天道無為」應用於個體的行為，於是形成上述五種無為的修養原則。所以更深一層而言，《淮南子》的行為原理雖然來自於天道的存有原理（無為），但就行為實踐方面曰：「通於神明者，得其內者也。是故以中制外，百事不廢。」即不以外在意向為處世之依據，而是返回己身「心靜」漠視一切，故曰：「人生而靜，天之性也，……而知誘於外，不能反己，而天理滅矣。」（〈原道〉） 由以上的論述可知，《淮南子》的行為原理來自於內在的心、性完全無意向性，亦即將內外界完全孤立、隔絕，所謂的價值也只是具有描述性意義的自然屬性。《淮南子》以自然屬性來解釋人的善性，甚至要求個體的行為也要以自然屬性為依歸，如此一來，要求人的行為全然出於所謂的「神明」，而「神明藏於無形」（〈本經〉），且「故神明之事，不可以智巧為也，不可以筋力致也」（〈泰

〔註17〕熊禮匯先生將「神明」理解為「大自然高妙難測的造化之功」。參見其著，《新譯淮南子》（台北：三民書局，民國86年），頁354。

－140－

族〉)。這樣要人不用理智、氣力，行為以「無為」為準，欲人「不先物為也」、「因物之所為」、「不易自然也」、「因物之相然」(〈原道〉)，這樣的人以「物」、「自然」的客觀認識為行為之準則，絲毫不滲入任何主觀意識的成分，如此便成為一種無知、無欲、無求的「自然之物」如同草木一般。這樣的個體自然無「自主」或「自覺」的概念，在倫理學上，既然無所謂的「主觀意識」，則「自由」概念便無存在的可能。換言之，關於道家或《淮南子》的行為原理認識，所有「否定字詞」的意義都可歸結為心、性的無為態度。而無為態度若作為行為原理，只能表示人的個體內在毫無主觀的意向性，就如草木一般。因此，《淮南子》對於人的認識，同樣與草木一樣視為描述性的自然存有物，說人有自由意志的概念，就如同草木有自由意志一樣令人非議。〔註18〕

　　《淮南子》的無為原則，依照《莊子・秋水》所謂「無以人滅天，無以故滅命」，亦即人所循的無為之術需符合天道的中性價值。而道術合一的思想矮化了人的主觀能動性，即否定自由意志的可能，這點在學界被視為「保留了《莊子》內篇的消極思想」，但〈脩務〉開宗明義批判了道家無為概念所代表的消極思想。〔註19〕〈脩務〉提到：「或曰：『無為者，寂然無聲，漠然不動，引之不來，推之不往。如此者，乃得道之像。』吾以為不然。嘗試問之矣：『若夫神農、堯、舜、禹、湯，可謂聖人乎？』有論者必不能廢。以五聖觀之，則莫得無為，明矣。」這段話的前段所謂的「無為者，寂然無聲，漠然不動，……」即指《莊子》內篇的消極思想，〈脩務〉的作者也不認同這種完全否定主觀能動性的思想，而是採取一種對於《莊子》消極思想的批判，認為若採取漠視一切、超絕主體意志的態度，很顯然就連五聖也難以做到《莊子》式的絕對無為。而是認為「若吾所謂『無為』者，私志不得入公道，嗜欲不得枉正術，循理而舉事，……非謂其感而不應，攻而不動。」於此，「無為」並非消極不應萬物或面對外在事物的刺激而無動於衷，而是「必須在其自然性能上添加人力作用」，因為「夫地勢，水東流，人必事焉，然後水潦得谷行。禾稼春生，人必加功焉，故五穀得遂長。聽其自流，待其自生，則鯀、禹之功不立，而后稷之智不用。」(〈脩務〉)「因此，人僅僅效法自然是不夠

〔註18〕關於道家的「自由」概念，可參閱 Christian Helmut Wenzel, *Ethics and Zhuangzi: Awareness, Freedom, and Autonomy*, Journal of Chinese Philosophy 30:1, pp. 121～126.

〔註19〕引文與〈脩務〉對無為的批判思想可參閱牟鐘鑒著，《《呂氏春秋》與《淮南子》思想研究》(山東：齊魯書社，1987)，頁191～195。

的，還應該利用自然和改造自然，使自然為人謀幸福。」〔註20〕而「利用自然、改造自然」即隱含滲透了人為的主體意識，即尚有主觀能動性。所以，在這層意義下，《淮南子》一方面保留了《莊子》消極的無為原理，另一方面又積極地加入人的主觀能動性；這兩方面分屬對象層次與後設層次，所以不致於產生這兩方面自由意志或主觀能動性的矛盾。

三、思維原理

（一）關聯思維

我們暫且將思維界定為「一種有秩序的意識活動」〔註21〕。而《淮南子》的關聯思維（correlative thinking），對宇宙的認識呈現出一種有秩序的排列。以〈天文〉為例：「天道曰圓，地道曰方。方者主幽，圓者主明。明者，吐氣者也，是故火曰外景；幽者，含氣者也，是故水曰內景。吐氣者施，含氣者化，是故陽施陰化。天之偏氣，怒者為風；地之含氣，和者為雨。陰陽相薄，感而為雷，激而為霆，亂而為霧。陽氣勝則散而為雨露，陰氣勝則凝而為霜雪。毛羽者，飛行之類也，故屬於陽。介鱗者，蟄伏之類也，故屬於陰。日者，陽之主也，是故春夏則群獸除，日至而麋鹿解。月者，陰之宗也，是以月虛而魚腦減，月死而蠃蛖膲。火上蕁，水下流，故鳥飛而高，魚動而下。」對於自然天道的理解，常常以一種「對偶」（pairs）的二元世界而呈現。〔註22〕如「天、地；圓、方；幽、明；吐氣、含氣；外景、內景；風、雨；怒、和；陰、陽；火、水；上、下；陽燧、方諸」……等等二元關聯的結構。另外，《淮南子》對於個體自我的重視，完全作為治國的最高原則，表現出部分與全體的結構性關係，此結構性關係亦為關聯思維。因為「天下之要，不在於彼而在於我，不在於人而在於我身，身得則萬物備矣。……夫天下者亦吾有也，吾亦天下之有也，天下之與我，豈有間哉！」（〈原道〉）天下與自我具有同構性的關係，因而認識自我即可認識天下。在此，其認識觀將自然的存有物分為整體與部分，彼此因其同構性關係而有其價值上的「齊一性」，即所謂：「故

〔註20〕 這兩處引文參見同上，頁192。

〔註21〕 思維的界定可見同註6，頁2。

〔註22〕 「關聯思維」（correlative thinking）與「對偶」（pairs）概念的解釋，請參見葛瑞漢（A. C. Graham）著，〈陰陽與關聯思維的本質〉（收錄於艾蘭、汪濤、范毓周主編，《中國古代思維模式與陰陽五行說探源》，南京：江蘇古籍出版社，1998），頁2、20。

自其異者視之，肝膽胡越；自其同者視之，萬物一圈也。」（〈俶真〉）從行為上保有自我的天性（自得），天下則在自然齊一的價值信念下也得到個體自我。所謂「自得，則天下亦得我。吾與天下相得，則常相有，己又爲有不得容其間者乎？」（〈原道〉）這裡意指整體與部分的和諧，自得則不與天下割裂，部分與整體互相擁有，彼此都統合在道的整體規範下，故曰：「所謂自得者，全其身者也。全其身，則與道爲一矣。」（〈原道〉）關於部分與整體關係的認識，具體展現在自然與人文兩方面如：「五行異氣而皆和，六藝異科而皆同道。」（〈泰族〉）意即，五行各部分皆屬陰陽合和之氣；而六藝性質雖各自互異，但其本質皆同於道。聖人必須採用六藝各自符合道的部分，即「六者，聖人兼用而財制之」（〈泰族〉）。此外，〈齊俗〉曰：「曾子曰：『擊舟水中，鳥聞之而高翔，魚聞之而淵藏。』故所趨各異，而皆得所便。故惠子從車百乘以過孟諸，莊子見之，棄其餘魚。鵜胡飲水數斗而不足，鱔鮪入口若露而死，智伯有三晉而欲不澹，林類、榮啓期衣若縣衰而意不慊。由此觀之，則趣行各異，何以相非也！」這段話說明存有物部分與部分之間的關係，彼此之間的意向、行爲各不相同應該彼此尊重。所以主張「所趨各異，而皆得所便」、「趣行各異，何以相非也」。而部分與部分價值上的齊一建立在以認識整體道的齊一視域下，「故以道論者，總而齊之。」（〈齊俗〉）

此外，如「天人合一」、「道術合一」、「物我合一」也滲透著這樣的關聯思維。中國人爲何習慣以這種思維方式來認識世界？誠如葛瑞漢先生的回答：「中國宇宙論者是從相關性來思考問題，這點是無需假設的，因爲他們已認識到宇宙是個有機體，日常生活的廣大領域，是如此複雜和多變，以致於不能被分析思維所解析闡明。所以，我們必須寄托於對原型進行直觀認知（the immediate perception of pattern）的這種油然而生的期望，我們在相互影響的多樣性中同樣發現了我們自己。」〔註23〕

《淮南子》將整體的道歸於從部分存有者的活動來認識、掌握；繼而又規定人事上部分的操作原則（術），又須與整全的道配合，道因而形成了規範原理。這種整體與部分相關聯的理解，我們稱爲有機體的宇宙觀，或西方完形心理學所謂的「格式塔原理」（Gestalt）。而葛瑞漢先生將宇宙現象的認識視爲與「分析思維」不同的「直觀認知」，因爲面對道的普遍、整體概念，感官只得片面的知覺，只有直覺認知不必借助概念、判斷和推理來把握對象，而

〔註23〕引文可見同上註，頁31。

是直接面對自然的呈現性活動。面對二元結構的自然，人所需要的便是解消二元結構的割離，對道這個「原型」〔註24〕進行直觀的認知，而這種直觀的認知可打破整體與部分的割離，如〈原道〉所言：「天下之與我，豈有間哉！」而解消二元對偶的工夫，即「回返人本身，調整自己的信念、態度、認知與行為；畢竟自然只是真實的存有，惟有人『調適上遂』，因此天人合一的關鍵『不在於彼而在於我，不在於人而在於身』（〈原道〉）。」〔註25〕自我的反省（自得）亦即從與自然的共在互動中「發現了我們自己」。

此外，《淮南子》的關聯思維還表現在「物類」的思想中。〈天文〉首先指出「物類相動，本標相應」，表示物類之間彼此互相影響。具體的事例如：「燧見日則燃而為火，方諸見月則津而為水，虎嘯而谷風至，龍舉而景雲屬，麒麟鬥而日月食，鯨魚死而彗星出，蠶珥絲而商弦絕，賁星墜而勃海決。」〈天文〉先從兩種不同自然現象的伴隨出現，任意強加兩者因果聯繫，進而歸納出「物類相動」的結論。接著從自然現象的因果連結，擴大比附於人事，形成「人事的好壞」可影響「自然的現象」，強加賦予「天人相動」的關係，如：「人主之情，上通于天，故誅暴則多飄風，枉法令則多蟲螟，殺不辜則國赤地，令不收則多淫雨。」而天人相動的理論基礎在於「天人相類」的「同構性」關係。如〈天文〉：「孔竅肢體，皆通於天。天有九重，人亦有九竅。天有四時，以制十二月，人亦有四肢，以使十二節。天有十二月，以制三百六十日，人亦有十二肢，以使三百六十節。」或曰：「天地宇宙，一人之身也；六合之內，一人之制也。」（〈本經〉）將人的身體結構與天的結構作一類比，建立同構性關係，於此同構性說明天人同類。但「物類相應」的現象，也僅僅是觀察現象的結果，並沒有任何進一步科學上的解釋，故曰：「夫物類之相應，玄妙深微，知不能論，辯不能解。」（〈覽冥〉）或曰：「夫燧之取火於日，慈石之引鐵，蟹之敗漆，葵之鄉日，雖有明智，弗能然也。故耳目之察，不足以分物理；心意之論，不足以定是非。」（同上）意即我們只能「認識」現象，而不能「解釋」現象，連同「明智之士」與運用「感性、理性」的能力也毫無所獲。在此，〈天文〉似乎想要突顯「知與物接，而好憎生焉。好憎成

〔註24〕筆者以為「原型」（pattern）是一種關聯性思維的認知模式，而不是作為形上根源的「原型」（archetype）。

〔註25〕引文見孫長祥著，〈《淮南子》中的自然思想與環保理念〉（收錄於《哲學與文化》二十五卷第九期，1998.9），頁829。

形，而知誘於外，不能反己，而天理滅矣。」（〈原道〉）因為「知與物接」的結果將導致「知誘於外，不能反己」。換言之，自然之理非人的智慮就能徹底理解，一味昧於外知，則天理不可得。解決之道在於回到人自身掌握基本自然感應的規律行事即可，故曰：「故以智為治者，難以持國，唯通於太和而持自然之應者，為能有之。」（〈覽冥〉）

（二）事例的分類

〈人間〉對事例的分類與認識充分表現墨家名辯學的影響。《墨子‧小取》將概念與存在的「相異性」列舉出：「是而然」、「是而不然」、「一是而一非」、「一周一不周」。關於類概念的闡釋更有「以類取，以類予」之說，而《墨子‧大取》則有「辭以類行」之說。《淮南子‧人間》則基於「物類之相摩近而異門戶者，眾而難識也」的情況，為了將事例清楚分類《淮南子》總結四種事例之分類：「類之而非」、「不類之而是」、「若然而不然者」、「若不然而然者」。而「是、非」與「然、不然」在哲學上有所區分：「『是、非』是指形成命題化立辭，而在概念、邏輯表述上的肯定或否定；『然、不然』則是指存有物如其實的呈現，在心理認識的肯認下被當成真實的存在，而被行為選取或不選取的意思。」〔註26〕

因為「夫事之所以難知者，以其窮端匿跡，立私於公，倚邪於正，而以勝惑人之心者也。」有鑑於對於人的行為之理解與解釋的可能觀點太多，而且很難從一些表象推知背後的真相或本質，所以〈人間〉提出關於人事的複雜變化，要有正確的認識，必須「若使人之所懷於內者，與所見於外者，若合符節」，即人的主體認識（是）須與外在客體的事物所呈現的實際情形（然）一致。而所謂的「類之」、「不類之」，即表示認識主體將某一相似性的「類概念」強加比附、解釋單一現象，如「飛鳶適墮其腐鼠而中游俠」，將此單一現象與既有的刻板印象「虞氏富樂之日久矣，而常有輕易人之志」任意類比形成所謂「類之而非」的情形。「鳶墮腐鼠，而虞氏以亡」的例子，根本以過去既有的經驗判斷（類之）為基礎，直接以過去的印象或概念對「飛鳶適墮其腐鼠而中游俠」這種純粹偶發現象作出錯誤的判斷。而所謂「若然而不然」、「若不然而然者」則全屬外在事實呈現的判斷，無關於心理上對於人事既有的認知類型。而對於外界實然的認識，若涉及人事的部分則須詳查「人心的

〔註26〕引文請參閱孫長祥著，〈《墨子‧小取》的名辯思想—自「思言行」行動觀點的考察〉（收錄於《華岡文科學報》第二十三期，民國88年12月），頁312。

內在動機」，不可只是專注於外在的現象，故曰：「物類相似若然，而不可從外論者，眾而難識矣，是故不可不察也。」（〈人間〉）總而觀之，認識人事的本質、真相與認識外物大不相同，人事現象複雜許多，因為人會「竄端匿跡」，所以必須詳查「所懷於內」與「所見於外」是否具有一致性，以此方能得到真正完整的認識。

（三）知識判斷的標準

〈齊俗〉涉及「知識判斷的標準」論題，似乎遵循《莊子・齊物論》所謂的「欲是其所非而非其所是，則莫若以明」。〈齊俗〉認為：「天下是非無所定，世各是其所是而非其所非，所謂是與非各異，皆自是而非人。」關於知識的判斷並無一定恆常不變的標準，所謂的「知識判準」只是「非求道理也，求合於己者也；去非者，非批邪施也，去忤於心者也。」換言之，知識的「是、非」判斷，都是出於主觀概念上認定的某種標準，所以知識的判定根本取決於人的主觀意欲，並無所謂獨立於人之外的判準可言，只是一種「應然」判斷，因而知識的認定並無任何「客觀性」的成份，意即知識與黃老的「道理」並非相同。真理只是一種整體「實然」的宇宙現象呈現，不因人之分別心而陷入片面的判斷，故曰：「至是之是無非，至非之非無是，此真是非也。若夫是於此而非於彼，非於此而是於彼者，此之謂一是一非也。此一是非，隅曲也；夫一是非，宇宙也。」因此，知識判斷只有「主觀的標準」，所謂「客觀的標準」在人的概念認知上只在於「宇宙」的描述性意義，意即跳脫是、非的主觀判斷，回到「照之於天」（〈齊物論〉）、「不知世之所謂是非者，不知孰是孰非」（〈齊俗〉）這種「無是、非判斷」的客觀判斷境地，此即莊子所謂的「忘年忘義，振於無竟，故寓諸無竟。」（〈齊物論〉）

參、結 論

道的存有原理認識，雖然可由感性的萬象經過知覺、理性的概念化活動得到「自然規律」的認識結果。對道的認識應以「直覺認識」取代「理性認識」，因為道是一種實踐性、操作性概念，人必須透過行動實踐才能體會與道共在，得到「相忘於道術」的體驗。而《淮南子》「多為之辭、博為之說」使我們領會「自然規律」的內容，此鋪陳實已是一種「智解」，在行為操作上只能發揮指導性作用，根本不是道本身的存在活動。換言之，道必須與人的存在活動同時共在，任何試圖以「智慮」認識道、接近道的方式，都將徒勞無

功。但黃老治術「依道用術」的原則，當然還是試圖以「智解」說明道術合一的問題，爲求經世治國只好發展出「術」的概念，即除了「因自然」外更要「用自然」。因此，「智解」便是無爲概念所指的「權自然之勢」（〈修務〉），只是以有限的智力難以窮究一切自然知識，所以須回返個體自身的「心、性」行爲原理，對自己身上的自然原理的認識才可能深刻，因而強調「自得」的重要。

　　《淮南子》從客觀對象的觀察得到簡約的道概念，由外至內、由多至一、由末至本、由天至人。在行爲的認識上，最終的目的似乎仍以人文的認識爲依歸，而非以外界知識的認識爲最高宗旨。在思維的認識上，由於涉及對外在現象的本質分析與人內在觀念的正確理解，所以必須兼顧內、外之一致性。但是關於知識的判定，「應然」必須回歸「實然」，甚至以「實然的認識」取消一切自然與人事的所有「應然判斷」，回到一個以「描述意義」爲準的自然世界，自此世界中一切認知不帶有任何價值的成份。簡言之，《淮南子》的認識論觀點雖以天爲認識的主軸而形成對人的規範認識，但「價值」的認定仍回歸「事實」，規範意義仍以描述意義爲準，知識的眞確性只在於「實然的知識」而非「應然的知識」，如此一來西方倫理學區分的「應然與實然」問題，在《淮南子》的認識觀點下根本不成問題，甚至實然的自然宇宙吞併了應然的人文世界；在行爲實踐方面，無爲概念雖然否定自由意志的可能，但就後設理論的規範意義而言，還是積極發揮「用天」的主觀能動性，「在照之於天」的認識觀點下，仍保有主體性的自由意志，而絲毫沒有任何無奈的消極意義，此爲《淮南子》認識論與《莊子》思想的最大差異。